Les recettes de poisson de la Mère Charlon

Raymonde Charlon

Les recettes de poisson de la Mère Charlon

Recettes de Raymonde Charlon

Illustrations, calligraphie,
conception graphique
de Pat Le Merdy

Editions Ouest-France
13 rue du Breil, Rennes.

Dans la même collection :

Les recettes alsaciennes de Tante Odile.
Les recettes auvergnates de Tante Léonie.
Les recettes bordelaises de Tante Marthe.
Les recettes bourguignonnes de Tante Margot.
Les recettes bretonnes de Tante Soizic.
Les recettes gasconnes de Tante Pauline.
Les recettes périgourdines de Tante Célestine.

Couverture :
Ciré jaune, avec l'aimable autorisation des établissements Guy Cotten à Trégunc (29).
Photographie de Claude Herlédan.

Sommaire :

Quelques hors-d'œuvre

Tartine du Petit mousse

Préparation : 10 min.
réfrigération : 1h ou 2h.

1 petite boîte de thon à l'escabèche,
2 filets de hareng fumé,
2 cuillerées à soupe de mayonnaise,
2 cuillerées à soupe de crème fraîche,
1 cuillerée à café de jus de citron.

Mixer le tout ensemble en crème.

Verser dans un bol.

Servir bien frais avec du pain de campagne.

Filets de daurade en vinaigrette de légumes

6 personnes,
préparation : 15 min,
cuisson : 15 min.

600 g de filets de daurade,
2 carottes,
2 oignons,
1 poivron vert moyen,
1 petit piment frais (ou sec),
1 branchette de thym,
1 feuille de laurier,
1/2 verre de vinaigre de cidre,
1 pomme,
1 citron pressé,
1 pincée de curry,
4 cuillerées à soupe d'huile d'olive,
sel, poivre,
sucre.

Râper les carottes, tailler le poivron en petits bâtonnets, émincer finement les 2 oignons. Retirer les graines du piment, émincer la chair (ou émietter le piment sec).

Mettre ces légumes à cuire dans une casserole avec le vinaigre de cidre, 3 cuillerées à soupe d'huile d'olive, 2 cuillerées à soupe d'eau, le thym, le laurier, 2 cuillerées à café de sucre et du sel. Couvrir et laisser cuire 15 min sur feu doux.

Pendant ce temps : peler et couper la pomme en tout petits cubes, les mélanger dans un bol avec le jus de citron.

Ecraser les 2 gousses d'ail dans une poêle, ajouter une bonne cuillerée à soupe d'huile d'olive, la pincée de curry. Remuer sur feu moyen, puis ajouter les filets de poisson et les faire frire 3 min sur chaque face ou jusqu'à ce qu'ils soient dorés. Puis les installer sur un plat.

Y jeter les cubes de pomme dans les légumes et remuer encore 2 min sur feu vif, avant de verser cette vinaigrette de légumes sur les filets de daurade.

Servir tiède ou froid.

Tartine du Pêcheur

Préparation : 10 min,
réfrigération : 1 h.

4 oeufs durs,
6 sardines à l'huile,
3 filets d'anchois à l'huile,
2 cuillerées à soupe de mayonnaise,
1 petite botte de persil plat,
1/2 citron,
poivre.

Séparer les jaunes des blancs d'oeufs durs. Effeuiller le persil. Désarêter les sardines.

Mixer les sardines avec les anchois, les jaunes d'oeufs durs, le persil, la mayonnaise, le jus du 1/2 citron et du poivre.

Ajouter les blancs d'oeufs durs, mixer encore quelques tours.

Verser dans un bol ou une petite terrine et réserver au froid.

Servir avec du pain de seigle.

Le tartare de thon

6 personnes,
préparation : 15 min,
macération : 15 min.

350 g de thon blanc dit « germon »,
1/2 verre (10 cl) de jus de citron,
4 grosses cuillerées à soupe de mayonnaise,
1 cuillerée à café de moutarde,
1 cuillerée à soupe de Ketchup,
1/2 cuillerée à café de tabasco,
1 cuillerée à café de Worchester sauce,
1 cuillerée à soupe de câpres,
1 oignon haché,
1 grosse gousse d'ail hachée,
1 cuillerée à café de paprika doux,
2 cuillerées à soupe de persil haché,
sel, poivre.

Pour la décoration :

6 feuilles tendres de salade, quelques câpres,
1 à 2 tomates, 1 gros oignon.

Retirer peau et arêtes de thon. Effeuiller la chair dans une jatte et l'arroser de jus de citron.

Laisser macérer 15 min.

Verser le reste des ingrédients dans le mixeur et le faire tourner quelques secondes pour les mélanger.

Ajouter le thon avec son jus de citron et tourner encore 5 à 6 secondes, juste pour le hacher (ne pas insister sinon le poisson deviendrait gluant.)

Réfrigérer 1 h au minimum.

<u>Pour servir :</u>

Tailler l'oignon en rondelles fines et les défaire en anneaux.

Les jeter dans une jatte d'eau très froide.

Les laisser 5 min perdre leur âcreté puis les égoutter.

Couper les tomates en rondelles.

Poser par assiette 1 feuille de salade garnie de 2 ou 3 cuillerées à soupe de tartare de thon. Décorer de câpres, de rondelles de tomate et d'oignon.

Servir bien frais.
Le mixeur n'est pas indispensable, on peut également écraser le thon à la fourchette.
Ce tartare peut s'accompagner de frites ou de taboulé, il sera alors servi en plat principal.

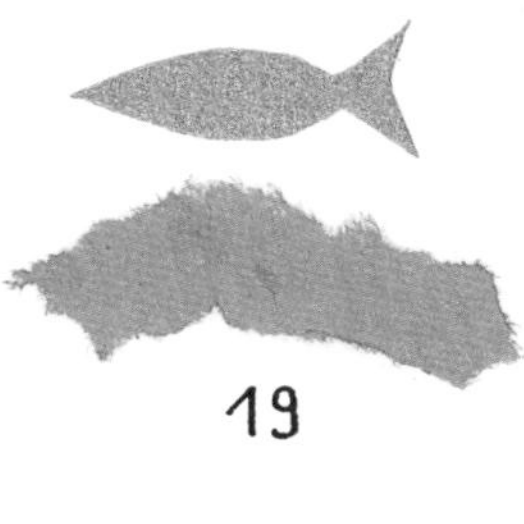

Les sardines de Soizic

4 personnes, préparation : 15 min,
macération dans le sel : 1 nuit.

12 sardines moyennes très fraîches,
4 cuillerées à soupe de gros sel,
1/2 verre (10 cl) de vinaigre de cidre,
2 à 3 échalotes hachées,
1 petit bouquet de ciboulette ciselée,
2 cuillerées à soupe d'huile,
poivre.

Passer rapidement les sardines sous l'eau courante en les écaillant. Les essuyer et les ranger sur un plat. Les recouvrir de gros sel, laisser macérer au réfrigérateur jusqu'au lendemain.

Le lendemain, les étêter, les ouvrir en deux, retirer les boyaux et l'arête centrale. Les essuyer à nouveau, puis les étaler dans un plat et les arroser de vinaigre de cidre. Mettre le plat au frais 1 h ou 2.

Au moment de servir : les poivrer, les recouvrir du hachis d'échalotes et de ciboulette, couler un filet d'huile.

Servir avec du pain de seigle et du beurre demi-sel.

Les sardines du Pacha

6 personnes, préparation : 1h,
marinade : 2 jours.

18 à 24 sardines (selon taille) écaillées et vidées,
1 citron coupé en rondelles fines,
1 citron pressé,
2 oignons émincés en rondelles très fines,
2 pommes moyennes coupées en lamelles,
30 cl de crème fraîche,
2 yaourts nature,
1 cuillerée à soupe de coriandre en grains,
1 cuillerée à café de poivre à steak,
3 feuilles de laurier frais,
sel,
poivre.

Inciser la peau des sardines le long de l'arête centrale avec une lame bien aiguisée, puis saisir la peau entre le pouce et la lame du couteau (côté dos) et tirer. Lever les filets de la même manière. Les mettre à mariner 20 min dans un plat creux, arrosés de jus de citron et saupoudrés de sel et d'un peu de poivre.

Ecraser grossièrement les grains de coriandre et les mélanger dans un bol avec le poivre à steak, la crème fraîche, les yaourts et quelques pincées de sel.

Remplir une terrine d'un kilo en alternant une couche de filets de sardines, une couche de crème, une

d'oignons, une de pommes, une de crème

et recommencer jusqu'à épuisement.

Terminer en recouvrant la terrine de rondelles de citron et d'une dernière couche épaisse de crème.

Poser sur le dessus les 3 feuilles de laurier frais.

Fermer la terrine et laisser mariner 2 jours dans le réfrigérateur.

Servir en entrée avec du pain de seigle.

Cette terrine se conserve 8 jours dans le réfrigérateur.

Effeuillés aux deux saumons

6 personnes,
préparation : 15 min.

6 tranches de saumon fumé,
300 g de saumon frais,
300 g de carottes râpées en salade (traiteur),
2 citrons verts,
2 cuillerées à café d'échalotes finement hachées,
1 petit bouquet de ciboulette,
sel,
poivre.

Retirer peau et arêtes du morceau de saumon frais puis le tailler en fines lamelles.

Etaler ces lamelles sur une assiette, les saler, poivrer et les arroser avec le jus des 2 citrons, dans lequel on aura mélangé les échalotes.

Couper chaque tranche de saumon fumé en 4 bandes.

Disposer saumon fumé et saumon frais en éventail sur 6 assiettes.

Entourer d'une fine couronne de carottes râpées et décorer de ciboulette ciselée.

Servir frais accompagné de pain grillé et beurre.

La salade du Pêcheur

4 personnes.

préparation et cuisson : 30 min.

4 petits maquereaux (ou 2 gros),
4 cuillerées à soupe de vinaigre de cidre,
1 verre (20 cl) de vin blanc (muscadet),
4 grosses pommes de terre,
1/2 céleri - branche,
3 échalotes hachées,
2 oeufs durs,
1 cuillerée à café de moutarde,
1/2 verre (10 cl) de vinaigre de cidre,
6 cuillerées à soupe d'huile,
sel,
poivre.

Etêter les maquereaux.

Lever les filets en glissant une lame fine de couteau pointu le long de l'arête dorsale, puis des arêtes ventrales. Poser ces filets dans une grande poêle anti-adhésive, peau au-dessus.

Les saler, poivrer et les arroser avec les 4 cuillerées de vinaigre de cidre + le vin blanc. Amener à frémissement sur feu moyen.

Laisser frémir quelques secondes; retirer du feu et laisser refroidir.

D'autre part, faire cuire les pommes de terre en robe des champs (20 min).

Pendant ce temps, préparer la vinaigrette dans un plat creux : délayer la moutarde avec le 1/2 verre de vinaigre de cidre. Ajouter les échalotes puis peu à peu l'huile en remuant vivement. Saler, poivrer, y émincer les tiges et les feuilles tendres du céleri-branche.

Peler les pommes de terre encore très chaudes. Les couper en rondelles dans la salade. Ajouter 3 à 4 cuillerées à soupe de jus de cuisson des filets de maquereaux et mélanger le tout.

Poser les filets de maquereaux sur la salade.

Ecraser les oeufs durs à la fourchette et saupoudrer le tour du plat.

Servir à température ambiante.

Tartine du Corsaire

Préparation : 10 min,
réfrigération : 1 h

1 avocat mûr,
1 cuillerée à café d'échalote très finement hachée,
1/2 cuillerée à café de pâte de piment ou harissa,
1 œuf dur,
1 petite tomate pelée et épépinée,
1/2 cuillerée à café de gingembre en poudre,
1 petit bocal d'œufs de truite (ou de saumon),
1 cuillerée à café de jus de citron vert, sel, poivre.

Extraire la chair de l'avocat avec une cuillère et la mixer avec l'échalote, la pâte de piment, l'œuf dur, la tomate, le gingembre, le jus de citron vert, sel et poivre.

Verser cette crème dans un bol et y mélanger les œufs de truite.

Servir bien frais avec du pain de seigle grillé.

Les bicornes de l'Amiral

6 personnes, ou 18 bicornes,
préparation : 40 min, repos : 2 h,
cuisson : 20 à 30 min.

750 g de pâte feuilletée,
200 g de morue demi-sel (vendue en paquet),
3 cuillerées à soupe de noix râpée,
3 cuillerées à soupe de crème fraîche épaisse,
1 cuillerée à soupe de Ketchup.
1 cuillerée à café de pâte de piment ou de harissa,
3 grosses gousses d'ail hachées,
1 oignon haché,
1 petite botte de ciboulette ciselée,
poivre, huile d'olive,
1 jaune d'oeuf pour dorer.

Couper la morue en petits dés et la faire dessaler dans une grande jatte d'eau froide au minimum 2 h.

L'égoutter, la rincer et l'essuyer dans du papier absorbant.

Faire chauffer 4 cuillerées à soupe d'huile d'olive dans une grande poêle. Y blondir oignon et ail 1 min. Ajouter la morue, la pâte de piment et la noix de coco râpée. Remuer 5 min, puis verser dans le mixeur. Ajouter la crème fraîche, le ketchup et la ciboulette. Mixer le tout en pâte.

Laisser refroidir totalement.

Découper des carrés de 9 cm × 9 cm environ dans la pâte feuilletée. Poser au centre de chaque carré 1 cuillerée à café de pâte de morue et replier la pâte feuilletée en formant un triangle.
Humecter les bords et les souder à la fourchette.

Poser les bicornes sur une tôle à pâtisserie, les dorer au jaune d'oeuf délayé d'une petite cuillerée à café de lait.

Faire cuire 20 à 30 min dans le four préchauffé sur Th 7-8 ou 220°.

Dresser les bicornes sur un plat. Les servir à l'apéritif, ou en entrée accompagnés d'une salade.

Peut se faire également en une tourte. Prendre alors deux disques de pâte feuilletée.

La tarte « Beg ar lann »

6 personnes, préparation : 20 min,
cuisson : 45 min.

Pour la pâte :

1 verre moyen (15 cl) de muscadet,
125 g de beurre demi-sel coupé en morceaux,
150 g de farine,
1 pincée de sel,
1 pincée de poivre.

Pour garnir la tarte :

3 grandes tranches de saumon fumé,
500 g d'épinards à la crème surgelés,
2 cuillerées à soupe de basilic haché frais ou surgelé,
2 jaunes d'oeufs,
1 noix (50 g) de beurre.

Préparer la pâte.

Verser le vin dans une casserole.

Ajouter le beurre, sel et poivre.
Faire chauffer jusqu'à dissolution totale du beurre.

Y jeter la farine d'un seul coup. Retirer du feu et mélanger vivement. Verser la pâte dans un moule à tarte de Ø 26 cm et la laisser tiédir avant de l'étaler du bout des doigts. Laisser reposer le moule ainsi garni environ 30 min.

Préchauffer le four sur Th 6 ou 200°.

Mélanger les jaunes d'oeufs et le basilic avec les épinards à la crème, poivrer.

Etaler le saumon fumé sur la pâte et recouvrir d'épinards.

Parsemer le dessus de la tarte de petits flocons de beurre.

Faire cuire 45 min dans le four.

Servir tiède.

Tartine du Forban

Préparation : 20 min,
macération : 20 min.

4 maquereaux de ligne moyens,
le jus de 1 citron,
1/2 verre (10 cl) de vin blanc « muscadet »,
2 échalotes finement hachées,
1 gousse d'ail finement hachée,
125 g de beurre demi-sel mou,
1 pincée de thym émietté,
sel, poivre.

Etêter les maquereaux, les vider, saler et poivrer l'intérieur. Les faire griller 5 min de chaque côté sous le gril du four. Les laisser tiédir. Puis retirer la peau et les arêtes et mettre les morceaux de la chair dans une assiette creuse. Faire chauffer le vin blanc avec le jus de citron et le thym. Verser bouillant sur la chair de maquereau. Laisser macérer 20 min.

Ensuite passer la chair au mixeur avec la moitié du jus de macération. Ajouter beurre, échalotes et ail hachés, beaucoup de poivre et un peu de sel. Mettre en terrine, réfrigérer 2 à 3 h avant de servir avec du pain aux noix.

Sur le continent

Brochettes de joues de lotte

6 personnes,
préparation : 15 min,
cuisson : 14 min.

18 petites joues de lotte (ou 9 grosses coupées en deux),
1 petit chorizo pimenté,
6 feuilles de laurier frais coupées en deux,
2 poivrons verts,
3 oignons,
3 cuillerées à soupe d'huile aux piments et à l'ail.

Nettoyer les joues en retirant la peau grise et gélatineuse qui les recouvre.

Puis les mettre dans un bol, les arroser d'huile aux piments, les laisser macérer le temps de la préparation.

Peler les oignons, les couper en quatre, les défaire en morceaux.

Couper chaque poivron en six, et le chorizo en 24 rondelles de 1/2cm.

Enfiler par brochette :

1/2 feuille de laurier,
1 morceau d'oignon,
1 rondelle de chorizo,
1 joue de lotte,
1 morceau d'oignon,
1 morceau de poivron.

Recommencer et terminer par 1/2 feuille de laurier.

Les saler, poivrer et les faire griller 7 min de chaque côté.

Servir avec une sauce remoulade.

Bar grillé au fenouil

6 personnes,
préparation : 10 min ,
cuisson : 20 min .

1 bar de 1,2 kg vidé mais non écaillé,
1 gros bulbe de fenouil,
4 cuillerées à soupe de Pernod ou Ricard,
4 grosses cuillerées à soupe de mayonnaise,
1 yaourt nature,
2 oignons nouveaux finement émincés,
1/2 citron pressé,
sel, poivre

Préparer d'abord le fenouil : retirer la verdure du bout des feuilles et la réserver.

Eplucher le bulbe puis le couper en lamelles dans une passoire.

Le saupoudrer copieusement de sel.

Laisser macérer 10 min avant de le rincer sous l'eau courante et l'égoutter.

Délayer dans un saladier la mayonnaise avec le jus de citron.

Ajouter le yaourt, du poivre et les oignons.

Y mélanger le fenouil.

Préparer le bar:

Couler 2 cuillerées de Pernod ou de Ricard à l'intérieur et faire rouler le poisson pour bien répartir l'alcool.

Saler, poivrer l'intérieur et fourrer de la verdure du fenouil.

Pocher le bar sur le gril.

Faire griller 10 min de chaque côté.

Pour servir, retirer ensemble peau et écailles et lever les filets. Servir accompagné de la salade de fenouil et de riz.

Bar à la fleur de sel

6 personnes, préparation : 5 min,
cuisson : 40 min.

1 bar de 1,5 kg environ vidé mais non écaillé, 1,5 kg de fleur de sel, 3 cuillerées à soupe de « grain de mer » ou court-bouillon aux algues, poivre du moulin, 1 grosse poignée d'algues fraîches (facultatif).

Préchauffer le four Th 8 ou 250°.

Laver soigneusement l'intérieur du poisson pour le débarrasser de toute trace de sang, puis le poivrer. Poser une grande feuille d'aluminium ménager sur la lèchefrite du four. Mélanger la fleur de sel avec le « grain de mer » et en étaler 1/3 sur l'aluminium ménager. Poser le poisson sur ce lit et le recouvrir du reste de sel en le pressant avec les mains autour du poisson.

Faire cuire 40 min dans le four.

Pour servir :

Garnir un grand plat avec les algues et y glisser le bar en croûte. Le présenter, puis casser la croûte de sel et la retirer en même temps que peau et écailles. Partager le poisson en filets, les poser sur un plat chaud et servir un beurre blanc et des pommes de terre à l'anglaise.

Empereur des mers

Poisson pêché dans les hauts-fonds, vendu sous forme de filets.
La chair délicate et la finesse de son goût en font un mets de choix.

4 personnes, préparation : 20 min,
cuisson : 10 min.

4 filets d'empereur,
8 grosses noix de coquilles Saint-Jacques avec corail,
1/2 verre (10 cl) de vermouth (ou de pineau),
20 cl de crème fraîche liquide,
1 pincée de curry, sel, poivre, beurre

Préparer la sauce :

Verser le vermouth dans une poêle et le faire réduire à 1 cuillerée à soupe sur feu doux.

Ajouter la crème fraîche, le curry, sel et poivre.

Faire réduire encore jusqu'à consistance onctueuse nappant la cuillère.

Verser dans une petite casserole (plus facile pour réchauffer) et réserver.

Préparer le poisson :

Beurrer un plat à four et y coucher les filets d'empereur sans qu'ils se chevauchent, saler, poivrer. Puis recouvrir chaque filet de 2 noix de Saint-Jacques finement escalopées et de corail taillé en languettes.

Parsemer de petits flocons de beurre.

Faire cuire 10 min dans le four préchauffé sur Th 7 ou 210°.

Retirer du four et transférer sur assiette à l'aide d'une spatule plate.

Napper de sauce chaude.

Garnir de pâtes fraîches cuites al dente.

Pour obtenir des pâtes cuites à point : les cuire une première fois 6 min, les égoutter, les rafraîchir sous l'eau froide et juste avant de les servir, les jeter 2 min dans une casserole d'eau bouillante salée.

Lotte des trois rivières

6 à 8 personnes, préparation : 30 min,
réchauffage : 20 min.

1,2 kg de filets de lotte coupés en cubes,
150 g de beurre demi-sel,
3 jaunes d'œufs,
6 grosses cuillerées à soupe de crème fraîche épaisse, 1/2 verre (10 cl) de porto,
1/4 verre (5 cl) d'eau-de-vie de cidre ou (de cognac),
1 grand verre de muscadet sur lie,
3 échalotes finement hachées,
1 pincée de piment de cayenne,
1 pincée de noix de muscade râpée,
1/2 cuillerée à café de cumin en poudre,
1/2 cuillerée à café de paprika,
1 cuillerée à café de sauce Worcestershire,
sel, poivre,
farine,
huile d'olive.

Faire chauffer la moitié du beurre dans une sauteuse avec 1 cuillerée à soupe d'huile d'olive.

Fariner légèrement les morceaux de lotte et les dorer doucement (3 à 4 min) dans le beurre sur feu doux.

Procéder en plusieurs fois afin qu'ils soient saisis et ne rendent pas trop d'eau.

Les retirer au fur et à mesure à l'écumoire, les réserver dans un plat à feu.

Ajouter le reste du beurre dans la sauteuse, y dorer les échalotes 3 à 4 min en remuant.

Mouiller avec le porto, le vin blanc et l'eau-de-vie de cidre. Ajouter les épices, faire mijoter et réduire de moitié en remuant 5 min. Ensuite, incorporer la crème fraîche et faire réduire encore en sauce onctueuse et nappante.

Placer les jaunes d'oeufs dans une jatte, y incorporer la sauce au fouet.

La verser sur la lotte.

Réchauffer le plat à four moyen Th 4-5 ou 150° pendant 20 min.

Accompagner de riz.

Barbue de Port-Navalo

4 personnes, préparation : 15 min, cuisson : 25 min.

1 barbue de 900 g à 1 kg nettoyée et si possible, peau noire retirée,
250 g de champignons émincés (surgelés),
4 échalotes hachées,
4 cuillerées à soupe de persil haché,
1 grand verre de bon vin blanc, muscadet sur lie ou gros-plant,
1/2 verre (10 cl) de crème fraîche liquide,
2 cuillerées à soupe de fumet de poisson déshydraté,
100 g de beurre demi-sel,
4 grosses cuillerées à soupe de chapelure,
sel, poivre.

Mélanger persil, échalotes et champignons.

En répandre la moitié dans un grand plat à four.

Y coucher la barbue et recouvrir du reste de légumes.

Arroser de vin blanc et crème fraîche.

Saupoudrer de sel, poivre et fumet de poisson déshydraté.

Recouvrir de chapelure et de petits morceaux de beurre.

Faire cuire 25 min dans le four préchauffé sur Th 7 ou 210 à 220°.
Le dessus doit être gratiné et une lame fine pénétrer facilement à travers le poisson.

Accompagner de pâtes fraîches.

Les pomponettes

4 personnes,
préparation : 15 min,
cuisson : 8 à 10 min.

12 sardines fraîches,
1 petit pot de tapenade (12 cuillerées à café),
huile d'olive, farine.

Ecailler, étêter et vider les sardines. Les ouvrir à plat, en retirer l'arête centrale, laisser la queue. Les tartiner d'une cuillerée à café de tapenade, puis les rouler en terminant par la queue ; piquer une mini-brochette en bois. Les poudrer de farine.

Chauffer un bon fond d'huile dans une poêle sur feu moyen-vif.

Y frire les pomponettes, les retourner à mi-cuisson.

Les servir sur assiette accompagnées de pommes vapeur et d'une sauce rouille ou tomate.

Tournedos de thon à la ratatouille

4 personnes,
préparation : 10 min,
cuisson : 30 min.

600 g de thon en 2 tranches,
4 tranches fines de poitrine fumée,
1 cuillerée à café d'herbes de Provence,
sel, poivre,
huile d'olive.

Ratatouille

1 courgette,
1 petite aubergine,
1 petit poivron,
2 tomates moyennes,
2 oignons émincés,
2 gousses d'ail hachées,
1 cuillerée à café de sucre,
thym,
laurier,
sel, poivre,
huile d'olive.

Préparer d'abord la ratatouille :

Couper la courgette et l'aubergine en petits dés.

Ouvrir le poivron et retirer les graines ; tailler la chair en petites lanières.

Faire chauffer un fond d'huile d'olive dans une sauteuse et y dorer l'oignon 3 min avant d'ajouter courgette, aubergine et poivron.

Dorer le tout encore 5 min.

Ajouter les tomates coupées en quatre, l'ail, le sucre, thym et laurier.

Saler, poivrer, couvrir et faire cuire 30 min sur feu moyen en découvrant 10 min avant la fin de la cuisson.

Préparer les tournedos de thon :

Couper les tranches de thon en deux.
Retirer peau et arêtes.
Entourer chaque tournedos d'une tranche de poitrine fumée fermée par une mini-brochette ou un tour de ficelle.
Mélanger sel, poivre et herbes de Provence dans une assiette, y rouler les tournedos.
Faire chauffer 2 cuillerées à soupe d'huile d'olive dans une poêle sur feu moyen et y cuire 4 à 5 min les tournedos sur chaque face.
Le cœur doit être encore rosé.
Servir dans un plat, entourés de ratatouille.

Hirondelles de mer au beurre d'anchois

L'hirondelle de mer est une sorte de daurade coryphène à la chair ferme.

4 personnes, préparation et cuisson : 25 min.

4 petites hirondelles de mer, sel, poivre.
Beurre d'anchois,
1 petite boîte d'anchois à l'huile,
70 g de beurre doux,
2 oeufs durs,
1 échalote hachée,
1 cuillerée à soupe de persil haché,
1 petite cuillerée à café de moutarde,
1 cuillerée à soupe d'huile.

Envelopper chaque poisson dans du papier d'aluminium après l'avoir salé et poivré.

Les faire cuire 20 à 25 min selon grosseur dans le four préchauffé sur Th 7 ou 210 à 220°.

Servir dans les papillotes accompagnés de beurre d'anchois et de pommes de

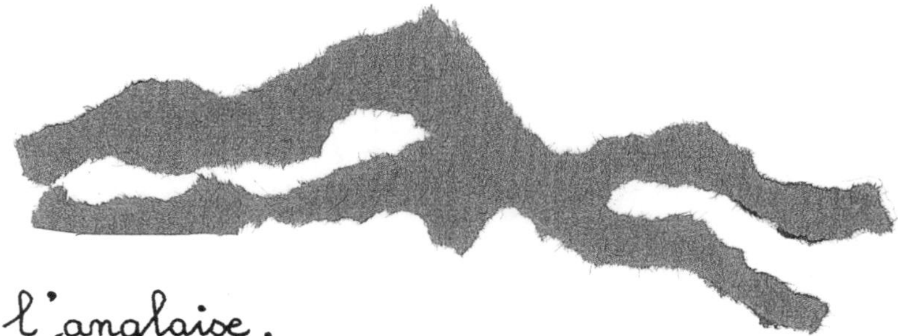

terre à l'anglaise.

Beurre d'anchois :

Ecraser à la fourchette le beurre et les anchois jusqu'à obtention d'une crème.
Ajouter échalote, persil, moutarde, le jaune des oeufs durs et l'huile.
Couper les blancs d'oeufs en petits morceaux et les mélanger au beurre d'anchois.
Réserver à température ambiante jusqu'au moment de servir.

On peut servir ce beurre d'anchois avec d'autres poissons comme le colin, le lieu ou tout poisson poché.

Filets de grenadier aux Krampouz

6 personnes, préparation et cuisson : 20 min.

800 g de filets de grenadier coupés en 6 portions, 3 cuillerées à soupe de farine,
6 crêpes de blé noir,
150 g de beurre demi-sel,
2 cuillerées à soupe d'huile, sel, poivre.

Fariner les morceaux de poisson et les secouer pour en rejeter l'excédent.

Faire chauffer 1 noix (40 g) de beurre et 1 cuillerée à soupe d'huile dans une poêle sur feu vif. Lorsque le beurre est brûlant et cesse de mousser, y frire le poisson (3 portions à la fois) 2 min de chaque côté.

Les installer sur un plat tenu au chaud et rajouter un peu de beurre et d'huile dans la poêle pour frire les 3 autres portions.

Couper les crêpes de blé noir en lanières (comme des nouilles).

Faire chauffer le reste de beurre dans une poêle et y dorer les crêpes en remuant sur feu vif.

En entourer les filets de grenadier et servir.

Filets de saint-pierre aux cèpes

4 personnes,
préparation : 30 min,
cuisson : 15 min.
4 beaux filets de saint-pierre (frais ou surgelés),
500 g de cèpes frais (ou autres champignons de forêt),
150 g de poitrine demi-sel taillée en petits lardons,
2 oignons,
1 gousse d'ail,
2 cuillerées à soupe de persil haché,
1/2 verre (10 cl) de vin blanc (muscadet ou gros-plant),
2 cuillerées à soupe de crème fraîche épaisse,
1 noix (50 g) de beurre demi-sel,
2 cuillerées à soupe d'huile d'olive,
sel,
poivre,
farine.

Nettoyer les cèpes et les couper en lamelles.

Faire chauffer 1 cuillerée à soupe d'huile d'olive dans une poêle sur feu vif, y jeter les cèpes, les laisser suer 10 min sur feu moyen puis les égoutter.

Blanchir les lardons 1 min dans une petite casserole d'eau bouillante.

Les égoutter.

Hacher oignons et ail.

Chauffer à nouveau 1 cuillerée à soupe d'huile d'olive dans la poêle et y dorer les lardons 5 min sur feu moyen.

Ajouter le hachis d'oignons et d'ail et le persil.

Remuer 3 min, ajouter les cèpes.

Faire dorer le tout 15 min en remuant de temps en temps.

Ensuite mouiller avec le vin blanc, ajouter la crème fraîche, saler, poivrer et cuire encore 5 min.

Retirer du feu et réserver.

Fariner légèrement les filets de saint-pierre.

Chauffer le beurre dans une poêle sur feu vif et lorsqu'il est brûlant, y frire rapidement les filets 1 min de chaque côté.

Les saler, les poivrer, puis les disposer dans un plat à four pouvant tenir à table.

Les entourer avec les cèpes et terminer leur cuisson 15 min dans le four préchauffé à 200° ou Th 6.

Accompagner de pâtes fraîches ou d'une purée.

Estouffade d'espadon

4 personnes, préparation : 10 min, cuisson : 1 h.
600 g d'espadon coupé en 4 darnes,
8 à 10 pommes de terre nouvelles,
1 gros oignon finement émincé,
1 grosse gousse d'ail hachée,
1 verre (15 cl) d'huile d'olive extra,
2 cuillerées à soupe de persil haché,
sel, poivre « 5 baies. »

Laver les pommes de terre, puis les couper avec la peau en rondelles fines et les rincer.

Dans 1 plat à four en terre étaler : 1 lit de pommes de terre, 1 lit d'oignon + ail + persil + les darnes d'espadon.

Recouvrir du reste des légumes.

Saler, poivrer, arroser d'huile d'olive.

Faire cuire 1 h à four doux 4 ou 160° en couvrant d'aluminium les 30 premières minutes.

Servir avec une salade à l'ail.

Matelote de lieu

6 personnes, préparation et cuisson : 1 h.
800 g de filets de lieu coupé en 6 portions,
6 cuillerées à soupe de chapelure,
1 noix (40 g) de beurre demi-sel,
4 cuillerées à soupe d'eau-de-vie de cidre,
sel,
poivre,
6 tranches de pain de mie.

Pour la sauce :

300 g de petits champignons,
1 citron,
2 verres (30 cl) de vin blanc,
1 tablette de bouillon de volaille,
3 gros oignons émincés,
2 blancs de poireaux émincés,
120 g de beurre demi-sel,
2 grosses cuillerées à soupe de farine,
1 petit bouquet garni (thym, laurier, persil),
200 g de crevettes décortiquées (surgelées),
2 jaunes d'oeufs,
3 cuillerées à soupe de crème fraîche.

Passer les portions de poisson dans la chapelure, puis les faire légèrement dorer dans une poêle avec la moitié du beurre et de l'huile sur feu vif sans chercher à les cuire. Les ranger dans un plat à gratin et les arroser d'eau-de-vie de cidre.

Saler, poivrer.

Préparer la sauce :

Faire cuire les champignons 10 min dans une grande casserole avec 30 cl d'eau (2 verres moyens), le vin blanc, le vin blanc, le citron coupé en quatre, la tablette de bouillon, sel et poivre.

Egoutter les champignons en recueillant le bouillon.

Faire fondre une noisette (20 g) de beurre dans une casserole.
Ajouter les oignons et les blancs de poireaux.
Couvrir et laisser mijoter 20 min sur feu doux.

D'autre part, faire fondre 100 g de

beurre dans une casserole et y cuire 2 min la farine en remuant.

Mouiller avec le bouillon réservé, ajouter le bouquet garni et laisser cuire 20 min à découvert ; retirer le bouquet garni.

Ajouter dans cette sauce : les champignons, les crevettes, le mélange oignons-poireaux.

Goûter et rectifier l'assaisonnement, laisser mijoter encore 10 min. Mélanger les jaunes d'œufs et la crème fraîche dans un bol, délayer d'un peu de sauce et incorporer cette liaison dans la sauce. En napper le poisson.

Réchauffer 15 min dans le four préchauffé sur Th 5 ou 170°.

Pour servir, entourer le plat de croûtons de pain de mie frits au beurre.

Maquereaux aux groseilles

6 personnes,
préparation : 10 min,
cuisson : 10 à 15 min.

12 petits maquereaux,
100 g de petits lardons fumés,
4 oignons blancs à tige,
200 g de groseilles à maquereau,
1 tomate taillée en petits cubes,
sel, poivre, huile.

Vider les maquereaux, laver l'intérieur sous l'eau courante, les essuyer.

Faire chauffer 4 cuillerées à soupe d'huile dans une grande poêle sur feu moyen et y dorer les lardons

2 min. Ajouter les oignons émincés avec un peu de leurs tiges, les blondir 5 min en remuant.

Augmenter le feu à vif, ajouter les maquereaux et les groseilles.

Laisser cuire 5 min en secouant la poêle puis retourner les maquereaux.

Saler, poivrer, parsemer de petits cubes de tomate et cuire encore 5 min.

Servir avec des pommes de terre nouvelles en robe des champs.

Rougets grillés à la lorientaise

4 personnes,
préparation et cuisson : 15 min.
4 rougets vidés et écaillés,
1 cuillerée à café de thym émietté,
2 cuillerées à soupe d'huile d'olive,
sel, poivre.

Beurre manié

120 g de beurre demi-sel très mou,
1 cuillerée à café légèrement bombée de curry,
1 cuillerée à soupe de jus de citron.

Mélanger le thym avec l'huile d'olive, sel et poivre.

En enduire les rougets et laisser reposer 10 min.

Les mettre sur le gril et les faire griller 5 à 7 min, selon grosseur, de chaque côté.

Servir avec des pommes de terre et un beurre manié :

Beurre manié :

Mélanger le curry avec le jus de citron, puis ajouter le beurre.

Crêpes de blé noir de Trestaou

6 personnes,
préparation : 20 min,
repos : 30 min,
cuisson : 20 min.

6 crêpes de blé noir,
400 g de filet de poisson (grenadier, anon, merlan),
3 tranches de pain de mie ou de pain rassis,
1 oeuf,
1 verre moyen (15 cl) de vin blanc,
3 cuillerées à soupe de ciboulette ciselée,
2 échalotes finement hachées,
1 pincée de noix de muscade râpée,
sel, poivre, beurre.

Pour la sauce :

100 g de beurre demi-sel,
3 grosses cuillerées à soupe de farine,
1 grand verre (20 cl) de court-bouillon du poisson,
1 petit bocal de beurre de homard,

1/2 cuillerée à café de curry,
4 cuillerées à soupe de crème fraîche épaisse,
100 g de gruyère râpé.

Mettre
les filets de poisson à plat dans une sauteuse.

Ajouter le vin blanc, 1 grand verre d'eau, sel et poivre.

Amener à frémissement sur feu moyen.

Laisser frémir 4 à 5 min.

Egoutter le poisson en réservant le court-bouillon.

Ecraser le poisson dans une jatte, ajouter la mie des tranches de pain et mouiller avec un peu de court-bouillon jusqu'à obtention d'une panade un peu ferme.

Y incorporer l'oeuf, la ciboulette, les échalotes hachées, la noix de muscade et du poivre.

Laisser refroidir et rafermir 30 min

au réfrigérateur.

Puis partager cette farce en 6 boudins.

Enrouler chaque portion de farce dans 1 crêpe pliée en deux et ranger au fur à mesure dans un plat à gratin beurré.

Préparer la sauce :

Faire fondre le beurre dans une casserole.

Y jeter la farine et la faire cuire 2 à 3 min en remuant.

Ajouter le beurre de homard, le curry et mouiller de court-bouillon.

Remuer jusqu'à épaississement

Retirer du feu, incorporer la crème fraîche et la moitié du gruyère.

Couler cette sauce sur les crêpes et recouvrir du reste de gruyère.

Faire cuire et gratiner 20 à 25 min dans le four préchauffé sur Th 7 ou 210 à 220°.

Gratin de haddock

4 à 6 personnes, préparation : 35 min.
cuisson : 20 min.

500 g de haddock,
500 g de pommes de terre farineuse (bintje),
1 gros oignon émincé,
1 grosse gousse d'ail émincée,
1 petit bouquet garni (thym, laurier, persil),
1/2 bouteille (40 cl) de vin blanc « gros-plant ».
150 g de beurre demi-sel,
sel,
poivre.

Eplucher les pommes de terre, les couper en rondelles dans une casserole assez large.

Ajouter l'ail, l'oignon, le bouquet

garni, le vin blanc et de l'eau à recouvrir les pommes de terre.

Faire cuire 20 min à couvert.

Puis poser le haddock sur les pommes de terre et laisser cuire encore.

Egoutter sommairement le contenu de la casserole à l'aide du couvercle.

Retirer le bouquet garni, la peau et les arêtes du haddock.

Passer le tout au moulin à légumes, ou battre tout simplement au fouet dans la casserole.

Ajouter environ 100 g de beurre, du poivre et peu de sel.

Mélanger en purée.

Mettre dans un plat à gratin.

Parsemer de beurre et faire cuire 20 min dans le four préchauffé sur Th 6 ou 200°.

Servir avec une salade.

Saumon à l'unilatérale

4 personnes,
cuisson : 12 min.

800 g de filet de saumon épais coupé en quatre,
sel fin de Guérande,
poivre à steak.

Sauce crème-citron

Le jus de 1 citron,
20 cl de crème fraîche,
1 grosse noix (50 g) de beurre demi-sel

Saupoudrer une poêle anti-adhésive de sel fin de Guérande et faire chauffer sur feu vif.

Y déposer les morceaux de saumon, côté peau en dessous. Faire cuire 10 à 12 min selon l'épaisseur du filet, en réduisant le feu à moyen à mi-cuisson.

La peau doit être grillée et la chair encore crue en surface.

Saler alors légèrement le dessus, poivrer au poivre à steak, couvrir 5 secondes et servir.

Pendant ce temps, préparer la sauce : Verser le jus de citron dans une poêle et le faire réduire presque totalement (une fine pellicule) sur feu vif. Ajouter la crème fraîche et l'amener à ébullition. Saler, poivrer, retirer du feu, ajouter le beurre en petits morceaux et faire tourner la poêle jusqu'à ce qu'il soit fondu dans la crème.

Verser dans une saucière.

Servir tiède en accompagnement du saumon.

Cette sauce peut se servir également avec toutes sortes de poissons pochés ou en papillotes.

Brochettes de saumon

4 personnes,
préparation : 15 min,
cuisson : 8 min.

400 g de filet de saumon épais coupé en 12 cubes,
2 tranches de saumon fumé,
12 petits champignons cuits,
2 pommes,
le jus de 1/2 citron, sel, poivre,
2 cuillerées à soupe d'huile aux herbes.

Mettre les cubes de saumon à macérer 15 min avec l'huile aux herbes.

Couper les tranches de saumon fumé en 12 petits carrés de la taille des cubes de saumon frais. Laver les pommes et sans les peler les tailler en 8 quartiers. Les arroser de jus de citron, bien remuer pour leur éviter de noircir.

Enfiler par brochette : 1 champignon, 1 quartier de pomme, 1 carré de saumon fumé, 1 cube de saumon frais et recommencer jusqu'à épuisement des ingrédients.

Faire griller 4 min de chaque côté.

Accompagner de sauce au choix : hollandaise ou rémoulade.

Ailerons de raie à l'orange

6 personnes,
préparation : 20 min,
cuisson : 10 à 12 min.
2 beaux ailerons de raie épais (environ 1,3 kg),
2 oranges,
2 citrons,
3 grosses cuillerées à soupe de crème fraîche,
1/2 verre (10 cl) de vermouth (ou de porto blanc), 3 jaunes d'oeufs,
100 g de beurre demi-sel en petits morceaux,
1 cuillerée à café de maïzena, sel, poivre.

Laver les ailerons de raie, les mettre dans une grande sauteuse (procéder en deux fois si nécessaire).

Les recouvrir d'eau, ajouter le jus de 1 citron, 1 lamelle de zeste et 2 cuillerées à soupe de gros sel.

Couvrir et faire venir à frémissement sur feu vif.

Réduire immédiatement le feu à

doux et laisser frémir à découvert 10 min ou jusqu'à ce que la chair du poisson se détache facilement de l'arête.

Surveiller constamment car trop cuite, la raie devient grise, sèche et filandreuse.

L'égoutter, retirer la peau gélatineuse, prélever délicatement la chair et la transférer sur un plat.

Peler une orange à vif, la tailler en demi-rondelles fines et en garnir le plat.

Préparer la sauce :

Presser le jus d'une orange et d'un citron dans une petite casserole à fond épais.

Ajouter les jaunes d'oeufs.

Mélanger au petit fouet à sauce.

Incorporer la crème fraîche, le vermouth et la maïzena délayée d'une cuillerée à soupe d'eau.

Saler, poivrer, porter sur feu très doux, tourner constamment jusqu'à consistance onctueuse, sans faire bouillir.

Dès cette consistance obtenue, retirer du feu et ajouter immédiatement le beurre en fouettant bien le mélange.

Napper le poisson de cette sauce et réchauffer 10 à 15 min dans le four doux (120°).

Accompagner de riz.

Daurade aux navets

6 personnes,
préparation : 25 min, cuisson : 45 min.

1 daurade de 1,2 kg à 1,5 kg,
500 g de petits navets très frais,
le jus de 4 citrons verts, 1 citron jaune,
1 dose de safran,
3 gros oignons émincés,
1 cuillerée à soupe de coriandre en grains,
100 g de beurre demi-sel,
sel, poivre, beurre pour le plat.

Râper les navets à la râpe à carottes. Les faire mariner 30 min avec le jus des citrons verts, du sel et la coriandre.

Pendant ce temps, beurrer un plat à four, y coucher la daurade. Délayer le safran dans 1/3 de verre d'eau tiède. En arroser le poisson. Couper le citron en rondelles, inciser la peau du flanc de la daurade et y glisser les rondelles de citron. Saler, poivrer et répartir les navets et les oignons autour du poisson. Parsemer de petits morceaux de beurre et faire cuire 45 min dans le four préchauffé sur Th 6 ou 200°.

Servir avec une purée d'épinards à la crème ou du riz.

Brochettes de flétan en friture

4 personnes,
préparation : 10 min,
repos de la pâte : 1 h,
cuisson : 5 min.

600 g de filet de flétan (ou autre poisson) coupé en quatre,
2 gros oignons,
150 g de gruyère coupé en petits cubes.

Pâte à frire

3 grosses cuillerées à soupe (65 g) de farine,
1 cuillerée à café d'huile,
1/2 verre (10 cl) de bière,
1 blanc d'oeuf,
sel,
poivre,
1/2 l d'huile dans une sauteuse

Préparer la pâte à frire :

Verser la farine dans une jatte, creuser un puits au centre.
Y verser l'huile, sel et poivre.

Incorporer petit à petit la bière en remuant jusqu'à obtention d'une pâte lisse.

Laisser reposer 1 h pour que la pâte ne se décolle pas du poisson à la cuisson.
Ensuite fouetter le blanc d'oeuf en neige et le mélanger délicatement dans la pâte.
Peler les oignons, les couper en quatre puis défaire les morceaux.
Essuyer soigneusement les filets de poisson avec du papier absorbant.

Enfiler par brochette :

des morceaux d'oignons intercalés de petits cubes de gruyère, 1 filet de poisson, des morceaux d'oignon, du gruyère.

Enrober chaque brochette de pâte à frire avant de la plonger dans l'huile très chaude.

En faire frire 2 à la fois pendant 4 à 5 min.

Les retourner à mi-cuisson et lorsqu'elles sont joliment dorées, les égoutter.

Servir avec du riz et une sauce tartare, ou simplement une mayonnaise relevée d'ail.

Maquereaux dans l'assiette

2 personnes, préparation : 3 min,
cuisson : 20 min.

2 maquereaux moyens,
4 à 6 pommes de terre,
1 branchette de thym,
2 cuillerées à soupe de vinaigre de cidre,
sel, poivre.

Ouvrir les maquereaux par le ventre, les vider, les rincer, les aplatir.

Retirer l'arête centrale en la brisant au niveau de la tête et de la queue; puis tirer sur l'arête.

Etaler les maquereaux sur une assiette, les arroser de vinaigre de cidre, les saler, poivrer.

Poser thym et laurier.

Mettre les pommes de terre épluchées dans une casserole assez large avec de l'eau et une bonne cuillerée à soupe de gros sel.

Poser l'assiette de maquereaux sur la casserole.

Couvrir et faire cuire le tout 20 min.

La chaleur et la vapeur cuiront les poissons dans le même temps que les pommes de terre.

Servir accompagné de beurre demi-sel.

Choucroute des petits matelots

6 personnes, préparation : 30 min,
cuisson : 1 h 50.

1 kg de choucroute crue,
2 grosses pommes aigrelettes (reinettes ou belles-de-boskoop)
1 oignon pelé,
3 gousses d'ail non épluchées,
1 cuil. à soupe de baies de genièvre,
1 cuil. à café de poivre en grains,
1 cuil. à café de graines de fenouil,
1 brin de thym,
1 feuille de laurier,
1/2 bouteille de vin blanc sec (gros-plant)
600 g de haddock épais coupé en 6 tranches,
6 tranches de saumon frais,
1 kg de moules grattées et lavées,
100 g de crevettes décortiquées (surgelées),
6 belles langoustines cuites.

Pour la sauce hollandaise :

3 jaunes d'oeufs,
1 citron pressé,
150 g de beurre demi-sel mou, sel, poivre.

Eplucher les pommes et les couper en lamelles.

Rincer la choucroute à l'eau froide et l'égoutter.

Mettre la moitié de la choucroute dans une grande cocotte.

Recouvrir avec les pommes, les baies de genièvre, les graines de fenouil, le poivre en grains, l'oignon émincé et les 3 gousses d'ail non épluchées, puis le reste de la choucroute.

Arroser de vin blanc et d'un verre moyen (15 cl) d'eau. Couvrir.

Amener à ébullition sur feu vif, puis réduire le feu à doux et laisser cuire 1 h 30.

Pendant ce temps, faire ouvrir les moules dans une grande casserole couverte, sur feu vif en les secouant fréquemment.

Dès qu'elles sont ouvertes et qu'elles se détachent facilement de leurs coquilles, en décoquiller la moitié, les réserver dans un bol.

Laisser le reste dans les coquilles, les réserver également.

Lorsque la choucroute est cuite, la verser dans un grand plat creux en terre (de préférence).

Ranger joliment par-dessus les poissons au centre et entourer avec toutes les moules, les crevettes et les 6 langoustines.

Couvrir le plat d'aluminium ménager (bien fermé sur le plat) et faire cuire 20 min dans le four préchauffé Th 6 ou 200°.

Préparer la sauce hollandaise :

Placer les jaunes d'œufs et le jus de citron dans une petite casserole à fond épais.

Saler, poivrer.

Porter sur feu très doux.

Tourner avec un petit fouet à sauce et dès que le mélange commence à prendre consistance crémeuse, ajouter le beurre mou et tourner rapidement.

Retirer du feu, verser dans une saucière.

Garder à température ambiante.

La sauce hollandaise peut se réchauffer légèrement dans un bain-marie tiède, en la remuant constamment, mais il n'est pas important qu'elle soit presque froide, puisque le plat qu'elle accompagne sera, lui, très chaud.

Servir la choucroute des petits matelots dans le plat, l'accompagner de pommes de terre à l'eau et de sauce hollandaise.

Brochettes de thon

4 personnes.

4 petites tomates bien fermes,
600 g de thon coupé en 12 cubes,
12 petits lardons fumés,
12 olives dénoyautées,
1 courgette moyenne,
2 gros oignons,
3 cuillerées à soupe d'huile aux herbes,
sel,
poivre.

Couper la courgette, sans la peler, en 8 rondelles.

Saupoudrer de sel, laisser dégorger 15 min.

Faire macérer le thon avec l'huile aux herbes 15 min également.

Tailler chaque oignon en quatre puis défaire les morceaux.

Enfiler par brochette :

1 tomate,
1 cube de thon,
1 lardon,
1 morceau d'oignon,
1 olive,

1 rondelle de courgette,
1 olive,
1 cube de thon, etc.
Saler, poivrer et faire griller les brochettes 5 min de chaque côté.

Accompagner de pommes de terre en robe des champs et de sauce tartare ou mexicaine.

La bourride de lotte

6 personnes, préparation et cuisson : 1 h.

1,2 kg de filets de lotte,
2 blancs de poireaux coupés en rondelles,
3 carottes râpées,
2 tomates pelées et épépinées,
1 cœur de céleri-branche (les petites tiges tendres) finement émincé,
1 poignée d'épinards frais ou (150 g d'épinards surgelés) hachée au couteau,
2 oignons émincés,
3 gousses d'ail hachées,
1/2 tasse de persil haché,
1 dose de safran,
1 verre (15 cl) d'huile d'olive,
1 jaune d'œuf,
sel, poivre.

Verser 1 fond d'huile d'olive (3 cuil. à soupe) dans 1 cocotte.

Ajouter tous les légumes mélangés.

Les faire suer 5 min, en remuant sur feu vif.

Couper la lotte en gros cubes.

Mettre dans 1 jatte et saupoudrer de safran, sel et poivre, mélanger.

Coucher le poisson sur les légumes. Réduire le feu et faire cuire doucement 20 min à demi couvert.

Au moment de servir ajouter hors du feu le jaune d'oeuf monté en mayonnaise avec l'huile d'olive.

Mélanger rapidement, accompagner de pommes vapeur.

Les rillettes de haddock

4 personnes,
préparation : 35 min,
cuisson : 50 min.

500 g de pommes de terre,
1 gros oignon émincé,
1 grosse gousse d'ail écrasée,
1 bouquet garni (thym, laurier, persil),
2 verres (40 cl) de vin blanc sec,
500 g de haddock,
150 g de beurre,
sel, poivre.

Eplucher, laver et couper les pommes de terre en rondelles. Les mettre dans une casserole assez large avec l'oignon, l'ail, le bouquet garni, le vin blanc. Ajouter de l'eau jusqu'à recouvrir les pommes de terre.

Faire cuire pendant 20 min à couvert. Puis poser le haddock sur les pommes de terre et laisser cuire encore 10 min.

Egoutter sommairement le contenu de la casserole à l'aide du couvercle.

Retirer le bouquet garni, la peau et les arêtes du haddock.

Passer le tout au moulin à légumes (ou simplement battre au fouet dans la casserole).

Ajouter environ 100 g de beurre, du poivre, peu de sel (le haddock étant déjà salé. Mélanger en purée.

Mettre dans un plat allant au four.

Parsemer de noix de beurre et cuire pendant 20 min à four moyen à 200 °C, thermostat 6-7.

Servir avec une salade.

Filets de merlan « petit navire »

6 personnes,
préparation et cuisson : 20 min.

6 filets de merlan (750 g)
3 tranches de saumon fumé,
6 rondelles fines de citron,
1 bocal d'olives vertes dénoyauteés,
6 cuillerées à soupe de crème fraîche.

Poser sur chaque filet de merlan 1 demi-tranche de saumon fumé et 1 rondelle de citron.

Poivrer et enfermer dans une papillotte d'aluminium.

Faire cuire 15 min dans le four sur 6 ou 200°.

Egoutter les olives, les mixer en pâte, ajouter la crème fraîche, mixer en crème.

Servir les "petit navire" sur assiette avec la crème d'olive légèrement tiédie et du riz.

Brigantine au coulis de poivron

6 personnes,
préparation : 30 min,
repos : 1 h,
cuisson : 45 min,
réfrigération : 2 h au minimum.

400 g de filets de saint-pierre frais ou surgelés,
200 g de chair de crabe fraîche ou surgelée,
200 g de purée de carottes surgelée,
30 cl de crème fraîche liquide très froide,
2 cuillerées à soupe de basilic haché

(frais ou surgelé),
4 oeufs,
2 cuillerées à soupe de ketchup,
1/2 cuillerée à café de curry,
3 cuillerées à soupe de porto,
quelques gouttes de Tabasco,
sel, poivre, beurre.

Pour le coulis de poivron :

1 gros poivron rouge bien mûr,
4 cuillerées à soupe de mayonnaise,
1 petite échalote finement hachée,
1 pointe de couteau d'ail écrasé,
quelques gouttes de Tabasco.

Pour la garniture :

6 mini-feuilles de coeur de salade,
18 olives noires de Nice (petites),
1 tomate ferme.

Faire décongeler les ingrédients surgelés.

Préparer la mousse de saint-pierre :

Couper les filets de saint-pierre, décongelés mais encore très froids, en petits morceaux.

Les mixer en purée fine avec sel et poivre. Ajouter, un à un, deux blancs d'oeufs en mixant 2 min entre chaque afin de parfaitement les incorporer.
Ajouter le basilic haché et tout en continuant de faire tourner le mixeur, verser lentement 20 cl de crème fraîche liquide très froide par l'ouverture du bol. Mixer le tout encore 2 min en mousse.
Réserver dans une jatte au froid.

Préparer la farce du crabe.

Mixer en crème la chair de crabe avec deux oeufs et deux jaunes.
Ajouter la purée de carottes, le ketchup, le curry, 10 cl de crème fraîche, le Tabasco, sel et poivre.
Mixer encore 2 min, verser dans une jatte, mettre 1 h dans le réfrigérateur.

Préparer la brigantine.

Préchauffer le four à Th 6 ou 200°.
Tapisser un moule à cake beurré de 26 × 12 cm avec un film de cuisson

débordant (ou beurrer largement le moule).

Etaler sur le fond la moitié de la mousse de saint-pierre. Recouvrir avec la farce de crabe puis du reste de mousse de saint-pierre.

Parsemer le dessus de quelques petits flocons de beurre. Fermer le film de cuisson.

Poser le moule dans un bain-marie et faire cuire 45 min dans le four jusqu'à ce que le centre de la brigantine résiste sous la pression du doigt.

Laisser refroidir à température ambiante, puis ouvrir le film de cuisson, renverser la brigantine sur un plat, laisser le moule dessus et réfrigérer deux heures au minimum avant de servir.

Préparer le coulis de poivron :

Faire griller la peau du poivron sous le gril du four en le retournant fréquemment. Au sortir du four, l'enfermer dans une feuille d'aluminium ménager et le laisser tiédir 5 min.

Le peler, jeter les graines et le pédoncule, mixer la chair avec l'échalote hachée, la pointe d'ail et le vinaigre.

Ajouter la mayonnaise, le Tabasco, sel, poivre et mixer encore un peu pour mélanger.

Verser dans une jatte. Réserver au froid.

Pour servir : Poser deux tranches de brigantine sur une assiette. Ajouter une cuillerée de coulis de poivron d'un côté et décorer l'autre côté d'une mini-feuille de salade garnie de trois olives et posée sur une rondelle de tomate.

Préparer ainsi les six assiettes et les poser sur la table au dernier moment.

Accompagner du reste de coulis de poivron en saucière.

Les filets de poisson Viroflay

Pour 6 personnes :
Préparation : 20 min,
cuisson : 25 min.

6 filets de limande frais ou surgelés (sole, limande, anon, merlan.)
6 tranches fines de bacon,
6 toastinettes ou 6 tranches fines de gruyère,
1 oeuf,
1 cuillerée à café de moutarde,
2 cuillerées à soupe d'huile,
chapelure,
beurre,
huile,
poivre,
sel.

Pour la sauce :

2 cuillerées à soupe de farine.

1 grand verre de lait
1 grand verre (25 cl) de lait,
100 g de crème fraîche,
1 oeuf,
1 boîte moyenne de champignons de Paris,
1 citron pressé,
1 grosse noix (50 g) de beurre,
sucre en poudre,
sel, poivre.

Préparer la sauce: faire fondre le beurre à feu doux dans une casserole. Ajouter la farine et tout en tournant avec une cuillère de bois faire cuire le mélange, sans le laisser roussir, pendant 1 à 2 min.

Verser le lait peu à peu en tournant bien pour éviter les grumeaux. Augmenter le feu jusqu'à ébullition, sans cesser de remuer, puis baisser à feu doux.

Ajouter la crème fraîche. Casser l'oeuf dans un bol, le battre à la fourchette et le verser dans la sauce en tournant vivement le mélange. Retirer du feu.

Egoutter les champignons, les rincer sous l'eau chaude et les ajouter dans la sauce ainsi que le jus de citron, sel, poivre et une pincée de sucre. Mélanger et laisser en attente.

Préparer les filets de poisson: étaler les filets sur la table, poser sur la moitié de chaque filet une tranche de bacon, puis une toastinette. Replier l'autre moitié du filet de poisson pardessus et bien presser.

Dans une assiette creuse, battre l'œuf à la fourchette avec la moutarde, les 2 cuillerées d'huile, sel et poivre.

Verser de la chapelure dans une autre assiette. Tremper les filets pliés dans l'œuf puis dans la chapelure.

Faire chauffer dans une poêle un mélange beurre et huile et y dorer rapidement les filets panés sans chercher à les cuire. Les ranger se chevauchant dans un plat à four assez grand.

Préchauffer le four à 200° C, thermostat 6.

Verser la sauce sur les filets de poisson et les faire cuire pendant 25 min dans le four.

Si vous devez laisser votre plat en attente ne mettez la sauce qu'au moment d'enfourner. Vous pouvez remplacer le bacon par du saumon fumé, c'est très bon aussi.

Ces filets panés peuvent être servis avec une sauce à l'ail ou tout simplement avec une mayonnaise.

Et comme légume? Libre à vous de faire une petite purée d'épinards ou de brocolis achetée surgelée.

Les louloutes

4 personnes, préparation et cuisson : 15 min.

600 g de joues de lotte,
2 cuillerées à café de baies de poivre rose,
4 grosses cuillerées à soupe de crème fraîche,
1/2 verre à vin de cognac,
1 noix (40 g) de beurre,
sel, poivre, huile.

Chauffer le beurre + 1 cuil. d'huile dans une poêle sur feu vif. Lorsqu'il est brûlant, y jeter les joues de lotte.

Remuer 5 à 6 min pour les colorer.

Arroser de cognac, flamber.

Réduire le feu, ajouter le poivre légèrement écrasé, la crème fraîche, sel et poivre.

Laisser mijoter 10 min pour réduire la sauce.

Servir avec du riz.

Les encornets de Saint-Jean-de-Luz

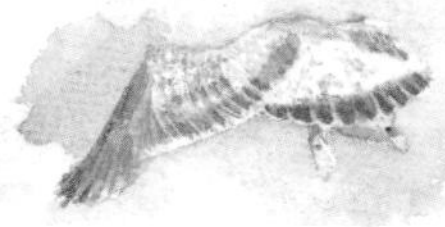

6 personnes.
Préparation : 30 min.
cuisson : 25 min.

1 kg de petits encornets surgelés,
2 oignons moyens,
1/2 verre (10 cl) d'huile d'olive.
+ 2 cuil. à soupe d'huile d'olive,
1 petite boîte ou 2 cuil. à soupe de concentré de tomate,
2 grosses gousses d'ail,
1 petite dose de safran,
2 petits piments secs ou quelques gouttes de tabasco,
300 g de riz long,
1 grand verre (25 cl) de vin blanc,
2 feuilles de laurier,
1 citron pressé,
100 g d'olives vertes et noires mélangées,
sel, poivre.

Mettre les encornets dans une passoire et les rincer rapidement sous l'eau chaude. Bien les égoutter. Peler et hacher les oignons.

Faire chauffer à feu doux le 1/2 verre d'huile d'olive dans une sauteuse ou une poêle à paella et y dorer doucement les oignons en remuant avec une cuillère de bois.

Augmenter le feu à vif et ajouter les encornets. Les faire revenir vivement jusqu'à ce qu'ils soient secs et légèrement dorés pendant 15 à 20 min.

Baisser le feu à doux, ajouter le concentré de tomate, les 2 gousses d'ail écrasées au presse-ail, le safran et les petits piments.

Mélanger 1 ou 2 min pour que les encornets s'imprègnent des parfums puis ajouter le riz et mélanger le tout.

Mouiller avec le vin blanc. Compléter avec de l'eau juste pour recouvrir à peine le riz. Saler, poivrer, ajouter les feuilles de laurier. Couvrir et laisser mijoter à feu doux pendant 25 min.

En fin de cuisson, arroser avec le jus de citron et les 2 cuillerées d'huile d'olive, mélanger. Mettre dans un plat. Décorer d'olives vertes et noires et servir.

Préparez ce plat à l'avance et réchauffez-le à four doux, 160° C, thermostat 4, pendant 25 min, mais ne mettez les olives qu'au dernier moment sinon elles se dessècheraient.

Vous pouvez également remplacer les encornets par des gambas surgelées à cru. N'en mettez alors que 500 g car elles sont bien plus chères.

Sole à la crème « grande tricheuse »

2 personnes,
préparation : 2 min,
cuisson : 15 à 20 min.

1 sole de 500 g nettoyée et dépouillée sur les 2 faces,
1 cuillerée à soupe de farine,
25 cl de crème fraîche liquide,
1/2 sachet de soupe à l'oignon.
1 petite boîte de champignons de Paris.

Fariner la sole et la poser dans 1 plat à four.

Mélanger : crème fraîche, soupe à l'oignon et petits champignons.

En recouvrir le poisson.

Saler peu, poivrer.

Faire cuire 15 à 20 min dans le four préchauffé sur 5 à 6 ou 190°.

Servir avec une purée.

Daurade farcie de Collioure

6 personnes,
préparation et cuisson : 1 h 30.

1 daurade de 1,5 à 2 kg, écaillée et vidée,
1/2 cuillerée à café de curcuma,
huile, beurre,
1 kg de moules,
6 échalotes,
le jus de 1 citron,
1 cuillerée à café de Maïzena,
3 cuillerées à soupe de crème fraîche,
1/2 cuillerée à café de sucre.

Demandez à votre poissonnier d'ôter l'arête centrale de la daurade en l'ouvrant par le dos. Etalez une grande feuille d'aluminium ménager dans un plat à feu et posez dessus la daurade couchée sur le ventre.

Mélangez curcuma, huile (1 cuillerée à café), sel et poivre et badigeonnez-en le poisson.

Nettoyez les moules et faites-les ouvrir dans une marmite à feu vif. Égouttez-les en recueillant le jus et décortiquez-les. Filtrez le jus.

Préparez la farce : pelez les échalotes et hachez-les. Faites-les dorer dans 15 g de beurre, ajoutez-y le jus des moules et du citron. Faites réduire le tout 15 min à feu doux.

Incorporez la Maïzena à la crème fraîche et mélangez rapidement celle-ci à la réduction. Ajoutez successivement moules et épinards. Salez, poivrez et retirez du feu.

Cassez les oeufs en séparant blancs et jaunes. Incorporez les jaunes à la farce et laissez refroidir celle-ci.

Battez les blancs en neige et incorporez-les à leur tour.

Faites chauffer le four à 200°, thermostat 6. Farcissez la daurade en formant un dôme, parsemez-la du reste de beurre en flocons et faites-la cuire 45 min au four dans sa papillote.

Quelques minutes avant de servir, mettez les ingrédients de la sauce dans une casserole sur feu doux. Salez, poivrez et laissez épaissir en mélangeant au fouet.

Servez la daurade dans son plat avec la sauce en saucière.

Cette daurade peut se préparer la veille et cuire le lendemain.

Saumon Corelli

6 personnes,
préparation : 25 min,
cuisson : 45 min.

1 saumon (ou 1 truite saumonée) de 1 kg à 1,5 kg,
Faire lever les filets, mais garder tête et queue,
250 g de filets de saint-pierre frais ou surgelés,
50 g de crevettes roses décortiquées,
50 g de pistaches mondées et grossièrement écrasées,
300 à 400 g de crème fraîche épaisse bien froide,
3 oeufs,
1 cuillerée à soupe de Maïzena,
1 tranche de saumon fumé,
2 échalotes finement hachées,
2 cuillerées à soupe de ciboulette ciselée,
1 cuillerée à soupe d'estragon ciselé,
1 citron pressé,
1 cuillerée à café d'esctrait de vanille,
sel, poivre rose et poivre blanc.

Faire dégeler les filets de saint-pierre s'ils sont surgelés, mais ils doivent être encore bien froids.

Les couper en petits morceaux, puis les mixer en purée avec 1 cuillerée à café de jus de citron et six à huit grains de poivre rose.

Ensuite, ajouter un à un deux blancs d'oeufs (réserver les jaunes) en mixant 15 secondes entre chaque, afin d'obtenir une mousse fine et homogène.

Y incorporer, petit à petit, 2 grosses cuillerées de crème fraîche bien froide, en réduisant la vitesse du mixeur à moyen.

Verser cette mousse dans une jatte.

Y mélanger crevettes, pistaches, herbes et échalotes ainsi qu'une cuillerée à café de sel.

Mettre 30 min environ à raffermir dans le réfrigérateur.

Préparer le saumon Corelli :

Poser une grande feuille d'aluminium ménager sur un plat à four ou sur la lèchefrite du four. Y installer au centre un filet de saumon, peau en dessous. Le saupoudrer d'une demi-cuillerée à soupe de Maïzena, puis le recouvrir avec la mousse de saint-pierre.

Saupoudrer également la face interne du deuxième filet de saumon et le remettre en place sur le premier garni de mousse. Cette fois, peau au-dessus. Bien presser l'ensemble avec les mains pour répartir la farce en une couche égale et donner une jolie forme au poisson. Remettre tête et queue en place. Saupoudrer de sel et de poivre.

Fermer l'aluminium en papillote non serrée sur le poisson pour que la vapeur circule (il peut attendre ainsi vingt-quatre heures dans le réfrigérateur).

Préchauffer le four Th 6 ou 200°.

Faire cuire le saumon Corelli 45 min (attention, plus longtemps, il serait sec).

<u>Pour servir :</u>

Glisser la papillote sur un grand plat,

l'ouvrir, présenter le poisson, puis le découper en tranches épaisses (2 cm).

L'accompagner de sauce Corelli tiède.

Sauce Corelli :

Mettre les deux jaunes d'oeufs réservés dans une petite casserole et ajouter le jaune du troisième œuf. Y mélanger à l'aide d'un petit fouet le reste du jus de citron, le reste de crème fraîche (environ 300 g).

Porter sur feu doux et tout en tournant, amener à consistance onctueuse sans faire bouillir.

Dès que cette consistance est obtenue, retirer du feu, ajouter 1 cuillerée à café d'extrait de vanille. Tourner encore un peu pour refroidir la sauce.

Mixer la tranche de saumon fumé en pâte et l'incorporer dans la sauce tiède.

Saler et poivrer selon son goût.

Je vous conseille de cuire le saumon 35 min juste avant le repas, de le sortir du four et de le recouvrir d'un ou deux torchons pour conserver la chaleur. Vous le remettrez à terminer sa cuisson 15 min dans le four Th 5 ou 180° pendant la dégustation de l'entrée ou pendant l'apéritif si vous le servez en entrée. Vous pouvez l'accompagner d'un peu de riz créole ou d'une purée de haricots verts.

Pour servir :

Si vous désirez le servir sur assiette : posez une à deux tranches selon grosseur, sur une assiette chaude, ajoutez 1 cuillerée de riz ou de purée de légumes et coulez 2 cuillerées de sauce sur le fond de l'assiette.

Zarzuela à la catalane

6 personnes,
préparation : 25 min,
cuisson : 20 à 25 min.

12 gambas (ou grosses crevettes) crues et non décortiquées,
500 g de queue de lotte coupée en dés,
250 g de noix de coquilles Saint-Jacques (ou de pétoncles) fraîches ou surgelées,
500 g de grosses moules fraîches, nettoyées,
500 g de petits calamars surgelés,
1 tranche fine de jambon de Bayonne hachée,
2 oignons (gros) hachés,
1 cuillerée à soupe d'ail haché,
1 gros poivron rouge,
6 tomates (ou 1 boîte de tomates pelées),
3 cuillerées à soupe d'amandes en poudre,
2 cuillerées à soupe de jus de citron,
1 cuillerée à café de sucre,
1 verre (20 cl) de vin blanc,
1 brin de thym,
1 feuille de laurier,

4 à 6 cuillerées à soupe d'huile d'olive,
1 dose de safran,
sel,
poivre.

Pour servir :

2 cuillerées à soupe de persil haché.

Couper la chair des tomates, pelées et épépinées, en petits morceaux. Enlever les graines du poivron et le hacher au mixer.

Verser l'huile d'olive dans une sauteuse large et y faire dorer, à feu moyen, ail, oignons et poivron pendant 3 min à 4 min, en remuant. Ajouter le jambon haché, faire cuire encore 1 min à 2 min, puis ajouter la chair des tomates, les amandes en poudre, le safran, le sucre, le thym, le laurier, 1 cuillerée à café de sel et du poivre.

Augmenter à feu vif et, tout en remuant, faire réduire le mélange en purée épaisse pendant 3 min à 4 min. Mouiller ensuite avec le jus de citron, le vin blanc et un grand verre (25 cl) d'eau. Amener à ébullition sur feu vif, ajouter les calamars, couvrir et laisser cuire 10 min.

Réduire à feu moyen,

ajouter les gambas, le poisson et les moules. Faire cuire 5 min. Ajouter les coquilles Saint-Jacques (ou les pétoncles) et terminer par 5 min de cuisson à feu très doux. Pour servir, saupoudrer de persil haché et accompagner de pain chaud grillé et frotté d'ail.

Filets de sole aux crevettes

6 personnes :
préparation et cuisson : 30 min,
réchauffage : 15 min.

6 gros filets de sole (ou de plie),
300 g de crevettes roses décortiquées,
1 petit pot de beurre de crevettes,
1 petit concombre,
2 oeufs + 1 jaune d'oeuf,
3 cuillerées à soupe de farine,
1 tasse (6 cuillerées à soupe) de chapelure,
100 g de beurre,
2 cuillerées à soupe d'huile,
20 cl de crème fraîche liquide,
2 cuillerées à soupe de jus de citron,
sel,
poivre.

Battre à la fourchette les oeufs avec le jaune d'oeuf, salés et poivrés, dans une assiette creuse.

Passer les filets de poisson successivement dans la farine, puis dans l'oeuf battu, puis dans la chapelure. Les laisser reposer pendant 10 min, étalés sur une planche.

Faire ensuite chauffer le beurre et l'huile dans une grande poêle à feu vif. Lorsque ce mélange est bien chaud, y faire frire les filets de poisson pendant 2 min de chaque côté. Réserver.

Laver le concombre et le tailler en très fines rondelles avec une râpe à chips. Le faire cuire dans une casserole avec la crème fraîche, le beurre de crevettes décortiquées, mélanger et verser le tout dans un grand plat à four en porcelaine à feu.

Disposer les filets de poisson dans cette sauce et faire réchauffer pendant 15 min à four doux (160° C, thermostat 3-4).

Servir aussitôt.

Papillotes de soles sauce rhubarbe

6 personnes,
préparation : 15 min,
cuisson : 30 min.

6 gros filets de soles fraîches ou surgelées,
50 g environ d'amandes effilées,
6 cuillerées à café de porto blanc ou de bon vin blanc.
sel, poivre.

Pour la sauce rhubarbe :

250 g de rhubarbe épluchée, fraîche ou surgelée,
1 cuillerée à soupe de sucre,
3 jaunes d'oeufs,
100 g de beurre,
sel, poivre.

Préparer les papillotes de soles.

Plier les filets en deux. Poser chaque filet sur un rectangle de papier d'aluminium, le recouvrir d'amandes effilées, saler, poivrer.

Relever la papillote et, avant de la fermer, verser 1 cuillerée à café de porto ou de vin blanc sur le filet. Fermer la papillote en dôme pour que la vapeur circule à l'intérieur et cuise le poisson.

Faire cuire les papillotes à four préchauffé à 6 (ou 200° C) pendant 20 min avant de servir. Ne cuire que 15 min si les filets étaient surgelés.

Préparer la sauce à la rhubarbe.

Couper la rhubarbe en petits morceaux et la faire cuire dans une casserole avec le sucre et 1/2 verre (10 cl) d'eau pendant environ 10 min.

Lorsqu'elle est en compote, la passer au mixeur ou la mixer avec le pied à potage en ajoutant les 3 jaunes d'oeufs, le sel et le poivre. Terminer par le beurre, hors du feu. Servir la sauce dans une saucière.

Les papillotes peuvent se préparer le matin pour le soir, se garder dans le réfrigérateur et se cuire à la dernière minute.

La sauce ne doit pas être mise dans le réfrigérateur. Elle se réchauffe au bain-marie ou dans un four à micro-ondes.

Saltimbocca de saumon

6 personnes,
préparation : 40 min,
cuisson : 45 min.

6 tranches de saumon,
6 tranches très fines de poitrine fumée,
6 feuilles de sauge fraîche ou sèche,
1 cuillerée à soupe d'huile d'olive,
sel, poivre.

Pour la purée d'oignons :

500 g de gros oignons ou 500 g d'oignons surgelés,
100 g de riz rond,
75 cl de lait,
125 g de crème fraîche,
1 tablette de bouillon de volaille,
1 noisette de beurre,
1 jaune d'oeuf.

Pour la crème d'olives vertes :

250 g d'olives vertes dénoyautées,
125 g de crème fraîche.

Préparer la purée d'oignons.

Eplucher et émincer les oignons. Les faire suer dans une casserole assez grande avec le beurre pendant 5 min, en remuant.

Lorsque les oignons sont translucides, mouiller avec le lait. Saler, poivrer, ajouter la tablette de bouillon, verser le riz en pluie, en tournant. Baisser le feu et laisser mijoter 30 min, en tournant de temps en temps. Ajouter un peu de lait si cette purée épaissit trop vite. Il faut que le riz soit bien éclaté.

Passer cette purée au mixeur ou au moulin à légumes. La réchauffer dans la casserole en ajoutant la crème fraîche et 1 jaune d'oeuf.

Préparer la saltimbocca de saumon.

Faire frire dans une poêle les tranches de poitrine fumée avec la cuillerée d'huile d'olive, jusqu'à ce qu'elles deviennent croustillantes.

Poser chaque tranche de saumon sur un rectangle de papier d'aluminium, la recouvrir de 1 feuille de sauge, 1 tranche de poitrine fumée, un peu de jus de la poêle, saler et poivrer. Fermer la papillote en prenant soin de la laisser assez lâche sur le dessus pour que la vapeur circule à l'intérieur et cuise le poisson.

Préchauffer le four à 7-8 (ou 220° C) et faire cuire 15 min.

Préparer la crème d'olives vertes.
Mixer les olives dénoyautées avec la crème fraîche et du poivre.

Servir froid.

On sert sur chaque assiette 1 papillote, 2 cuillerées à soupe de purée d'oignons et 1 cuillerée à café de crème d'olives froide.

La crème d'olives peut se servir avec d'autres poissons pochés ou, même, avec du poulet froid.

Les papillotes non cuites peuvent attendre plusieurs heures dans le réfrigérateur.

On peut remplacer le saumon par du thon.

Soupe de Porspoder

6 personnes,
préparation et cuisson : 1 h

500 g de merlu ou de cabillaud coupé en petits cubes,
1 carotte râpée,
1 navet râpé,
1 blanc de poireau finement émincé,
2 jaunes d'œufs,
6 cuillerées à soupe de crème fraîche,
3 cuillerées à soupe de cerfeuil finement ciselé,
1/2 cuillerée à soupe de sucre,
sel et poivre.

Pour le bouillon :

1 carotte pelée,
1 bouquet garni (thym, laurier, persil),
1 branche de céleri,
1 gros oignon épluché,
2 gousses d'ail non épluchées,
1 kg de parures de poisson (têtes, arêtes, etc.)

150 g de tendron de veau coupé en petits cubes,
1 cuillerée à soupe de court-bouillon marin (sel aux algues),
1 verre (20 cl) de vin blanc sec,
1 cuillerée à café de poivre en grains.

Préparer le bouillon:

Mettre tous les ingrédients dans une marmite.

Ajouter 2 l d'eau. Amener à ébullition sur feu vif puis réduire le feu et laisser cuire 40 min. Ensuite, filtrer le bouillon et le remettre à bouillir et réduire à 1,50 litre environ.

Jeter carotte et navet râpés dans le bouillon. Laisser cuire 2 min, ajouter le poireau émincé et le poisson en petits cubes. Laisser frémir 5 min.

Goûter et rectifier l'assaisonnement. Battre, avec une fourchette, les jaunes d'oeufs avec la crème fraîche dans une soupière. Ajouter le sucre et le cerfeuil.

Verser lentement la soupe sur ce mélange en remuant et servir.
On peut accompagner cette soupe de petits croûtons de pain frits au beurre.

Coups de chalut

4 personnes,
préparation : 15 min,
repos de la pâte : 30 min,
cuisson : environ 20 min en tout.

400 g de filet de turbot coupé en quatre,
4 tranches de bar,
4 tranches de grosse queue de lotte,
2 gros filets de sole coupés en deux (ou 4 filets moyens),
2 très gros oignons,
4 cuillerées à soupe de farine.

Pour la pâte à frire :

250 g de farine,
25 g de levure de boulanger,
25 cl de bière,
3 oeufs,
2 cuillerées à soupe d'huile,
sel, poivre,
Tabasco.

Préparer la pâte.

Délayer la levure de boulanger avec la bière.

Mettre la farine dans une jatte. Creuser un puits au centre et y placer les oeufs. Mélanger avec un fouet en incorporant petit à petit la bière.

Ajouter l'huile, sel, poivre et quelques gouttes de Tabasco, puis fouetter cette pâte 2 à 3 min. La laisser reposer 30 min (cette pâte peut se faire dans un mixeur).

Pendant ce temps, couper les oignons en rondelles. En défaire les anneaux. Les mettre à rafraîchir dans une bassine d'eau glacée (20 min). Les égoutter. Préparer les poissons : rouler chaque morceau de poisson dans la farine, les secouer puis en retirer l'excédent, puis les réserver sur une planche.

Essuyer les anneaux d'oignon dans un torchon.

Faire chauffer une friteuse (ou un litre d'huile dans une sauteuse).

Préchauffer le four Th 3 ou 120° et y placer un plat recouvert de papier absorbant. Laisser le four ouvert.

Lorsque l'huile est bien chaude (faire un test avec une goutte de pâte), tremper quelques morceaux de poisson un par un dans la pâte, puis les jeter dans la friture. Les laisser blondir 2 à 3 min de chaque côté, les retirer avec un écumoire, les garder au chaud dans le four ouvert.

Procéder de même pour les anneaux d'oignon.

Pour servir : Partager ces beignets de poisson et d'oignon sur 4 grandes assiettes (dites à steak). Décorer de feuilles de salade, de quartiers de tomate et de citron. Accompagner de riz et d'un bol de mayonnaise à l'ail (quatre grosses gousses d'ail écrasées dans un bol de mayonnaise).

Servir de suite en plat unique.

Poufres en rouille

6 personnes,
préparation : 20 min si les
encornets sont surgelés,
1 h s'ils sont frais,
cuisson : 2 h 30.

1,2 kg de petits encornets frais ou surgelés (avec têtes),
1 gros oignon émincé,
1 gros poivron rouge coupé en petits morceaux,
3 tomates ou une 1/2 boîte de tomates pelées,
4 belles gousses d'ail hachées,
2 cuillerées à soupe de persil haché,
1 dose de safran en poudre,
1 morceau de sucre,
1 brin de thym,
1 feuille de laurier,
1/2 bouteille de vin blanc (muscadet),
2 jaunes d'oeufs,
1 grand verre (20 cl) d'huile d'olive,
sel, poivre.

Blondir l'oignon avec un fond d'huile d'olive dans une sauteuse sur feu moyen. Ajouter les tomates épépinées (ou la 1/2 boîte de tomates pelées, égouttées), l'ail, le persil, le safran, le sucre, thym et laurier.

Laisser mijoter 5 min en remuant, puis mouiller avec le vin blanc et un verre (20 cl) d'eau. Saler, poivrer, couvrir et faire cuire 1 h à petit feu.

Pendant ce temps, parer les encornets s'ils sont frais, c'est-à-dire tirer sur les têtes pour les séparer des corps. Couper les têtes au ras des tentacules, réserver ceux-ci. Jeter les têtes. Extraire avec un couteau pointu le petit bec qui se trouve au centre des tentacules.

Fendre les corps sur la longueur, les débarrasser de leurs intestins et cartilage (nommé la plume). Dépouiller les corps de la peau transparente teintée de mauve qui les recouvre.

Laver corps et tentacules à l'eau froide. Les égoutter, couper les corps en lanières.

Réserver.

Eliminer thym et laurier de la sauteuse, puis mixer les légumes en bouillie.

Remettre cette sauce à chauffer et y jeter les encornets. Laisser cuire 1 h 30, en découvrant 30 min avant la fin si la sauce est liquide (elle doit être courte).

Monter les deux jaunes en mayonnaise ferme avec 15 cl d'huile d'olive et l'incorporer dans la sauteuse hors du feu, en tournant vivement le mélange. Verser dans un plat, servir avec du riz.

Ce plat se congèle aisément, avant d'y incorporer la mayonnaise.

Poule de mer aux oeufs d'or

6 à 8 personnes,
préparation : 30 min.
cuisson : 30 min.

300 g de filets de saint-pierre (communément appelé poule de mer),
1 petit bocal d'oeufs de saumon,
1 citron pressé,
3 cuillerées à soupe de chapelure blonde,
3 jaunes d'oeufs,
2 blancs d'oeufs,
2 échalotes finement hachées,
1 cuillerée à soupe d'estragon haché,
1/2 verre (10 cl) de vinaigre,
200 à 250 g de beurre demi-sel à température ambiante,
10 cl de crème fraîche liquide très froide,
sel, poivre,
beurre,
chapelure pour le moule.

Couper les filets de saint-pierre en petits cubes et les faire macérer dans le jus de citron, le temps de la préparation du plat.

Mettre les échalotes hachées dans une casserole (plutôt petite) à fond épais, avec le vinaigre. Faire réduire à 1 cuillerée à soupe sur feu doux. Laisser tiédir.

Puis y mélanger les trois jaunes d'oeufs, sel et poivre.

Plonger la casserole dans un bain-marie frémissant (ou la poser sur une plaque électrique sur "très doux"). Tourner avec une cuillère de bois jusqu'à ce que le mélange prenne consistance crémeuse de début d'oeufs brouillés. Incorporer alors rapidement le beurre par morceaux hors de la chaleur, jusqu'à ce que l'on obtienne une consistance de mayonnaise ferme.

Verser dans une grande jatte, ajouter l'estragon haché et les oeufs de saumon. Mélanger.

Egoutter soigneusement les filets de saint-pierre, les rouler dans la chapelure, les réserver.

Fouetter les deux blancs d'oeufs en neige ferme (5 min) avec une pincée de sel.

Fouetter également la crème fraîche.

Puis amalgamer blancs d'oeufs et crème fouettée dans la préparation précédente avec une spatule souple et avec précaution. Ajouter délicatement les cubes de poisson.

Préchauffer le four Th 6 ou 200°.

Beurrer un moule à soufflé ou à à gratin et le saupoudrer de chapelure (à travers un tamis). Remplir le moule à 2 cm du bord avec la préparation et faire cuire 30 min dans le four.

Servir aussitôt.

A bord

Ragoût de vieille

4 personnes, préparation : 15 min,
cuisson : 20 min.

2 vieilles de taille moyenne,
1 gros oignon + 4 échalotes émincées,
8 à 12 pommes de terre à chair ferme taillées en grosses frites,
1 bonne cuillerée à café de sucre,
1 pincée de thym émietté,
1 feuille de laurier,
sel,
poivre,
beurre demi-sel.

Vider et écailler les poissons. Les ébarber, puis les couper en deux.

Faire chauffer une grosse noix de beurre dans une sauteuse. Lorsqu'il est brûlant, y dorer rapidement les morceaux de poisson sans chercher à les cuire. Les retirer sur une assiette.

Verser l'oignon et les échalotes dans la sauteuse et les dorer 5 min sur feu moyen, jusqu'à ce qu'ils commencent à se colorer.

Les saupoudrer de sucre.

Remuer 2 min, ajouter les pommes de terre, remuer encore 3 min.

Saler, poivrer, ajouter le thym, le laurier et un verre d'eau.

Couvrir et laisser cuire 10 min.

Poser les morceaux de poisson sur les pommes de terre.

Couvrir et faire cuire encore 10 min.

Maquereaux couchés sur le sel, sauce ravigote

4 personnes,
préparation : 5 min,
cuisson : 10 min.

4 gros maquereaux, gros sel gris.

Pour la sauce ravigote :

4 cuillerées à soupe de mayonnaise,
1 cuillerée à café de moutarde,
1 oeuf dur écrasé à la fourchette,
1 ou 2 échalotes finement hachées,
1 ou 2 cornichons coupés en tout petits dés,
1 petite cuillerée à café du vinaigre des cornichons, le tout mélangé.

Préparer les maquereaux.

Les étêter, puis les ouvrir par le ventre de la tête à la queue. Les laver à l'eau de mer, les aplatir.

Retirer l'arête centrale avec un

petit couteau pointu en commençant par le haut pour la détacher des chairs.

Glisser le doigt derrière l'arête et la décoller jusqu'à la queue. Poivrer les chairs.

Faire chauffer un lit (1 cm) de gros sel gris dans une grande poêle sur feu vif. Y coucher les maquereaux étalés sur le ventre (peau au-dessus). Couvrir et laisser cuire 10 min. Les servir avec la sauce ravigote et des pommes de terre en robe des champs.

Cette méthode de cuisson est idéale pour les gros maquereaux gras, car ainsi leur graisse s'écoulera dans le sel.

Si la poêle est trop petite pour contenir les quatre maquereaux, en cuire deux à la fois.

Déguster les deux premiers pendant la cuisson des deux autres.

Kari de poisson

4 personnes,
préparation : 15 min,
cuisson : 35 min.

2 ou 4 (selon taille) maquereaux ou vieilles,
4 gros oignons émincés,
1 boîte 4/4 de tomates pelées (ou 6 tomates) coupées en petits morceaux,
3 cuillerées à soupe d'huile d'olive,
1 bonne cuillerée à soupe de curry,
1 petite dose de safran,
1 pincée de cayenne,
1 cuillerée à café de thym émietté,
1 petite branche de fenouil sauvage.

Dans une sauteuse, chauffer l'huile d'olive et y blondir les oignons 3 min en remuant. Ajouter les tomates, le curry, le safran, le thym et le fenouil (le ciseler s'il est frais).

Saler, poivrer, couvrir et laisser mijoter 20 min sur feu doux.

Coucher les poissons dans cette sauce et cuire encore 10 à 15 min selon la grosseur des poissons.

On peut arroser d'un jus de citron juste au moment de servir. Accompagner d'un riz pilaf.

Petits bars à la royale, sauce du chef

4 personnes, préparation : 10 min,
cuisson : 15 min.

4 petits bars portions,
sel,
poivre,
aluminium ménager.

Pour la sauce du chef :

1 citron pressé,
1 brique de 20 cl de crème fraîche,
1 bon morceau de beurre demi-sel,
sel,
poivre.

Vider les poissons, ne pas les écailler. Les rincer à l'eau de mer (si possible).

Si vous trouvez du fenouil sauvage, en mettre une petite branche à l'intérieur de chaque poisson.

Les saler, poivrer.

Enfermer chaque bar dans une papillote de papier d'aluminium fermée sur le dessus, mais en laissant un grand espace au-dessus du poisson pour qu'il cuise dans sa propre vapeur. Les poser côte à côte dans une marmite et verser de l'eau de mer sans les noyer (à mi-hauteur).

Porter sur feu moyen et compter 15 min après le premier frémissement. Les retirer immédiatement.

<u>Pour les déguster</u>: ouvrir la papillote, retirer la peau et les écailles du bar d'un seul coup en l'incisant d'abord le long de l'arête dorsale.

Puis lever les filets et les déposer dans l'assiette. Les arroser de sauce, les accompagner de pommes de terre vapeur ou de riz.

Sauce du chef :

Verser le jus de citron dans une poêle et le faire réduire à glace (presque totalement) sur feu moyen.

Y verser la crème fraîche, saler, poivrer.

Remuer jusqu'à début d'ébullition.

Retirer du feu et y incorporer le beurre coupé en petits morceaux sans trop remuer.

Verser dans un bol et servir tiède.

Les poissons à la vapeur d'algues

4 personnes (1 poisson par personne),
préparation : 15 min,
cuisson : entre 10 et 15 min selon la taille.

Saint-pierre, petits lieus, dorades, vieilles, maquereaux de ligne...

Ecailler, vider et ébarber les poissons.

Poser chaque poisson sur un morceau d'aluminium ménager percé de quelques trous pratiqués à la fourchette.

Relever l'aluminium en forme de gondole.

Verser de l'eau de mer dans le fond d'une cocotte-minute.

Mettre le panier en place (il ne doit pas toucher l'eau). Le remplir d'une grosse poignée d'algues (Fucus versiculosus) ramassées sur les rochers.

Amener l'eau à ébullition sur feu vif et lorsque la vapeur traverse les algues, poser les gondoles de poisson dessus.

Couvrir et laisser cuire 15 min.

Servir avec un beurre fondu additionné de jus de citron, sel et poivre ou d'une mayonnaise à l'ail (deux grosses gousses d'ail pour une tasse de mayonnaise toute prête).

Les plongeuses de hauts-fonds

4 personnes,
préparation et cuisson : 10 min.

4 gros filets de limandes-soles,
1 bocal de sauce tomate aux cèpes,
1 pincée de curry,
4 cuillerées à soupe de vin blanc.

Mélanger la sauce tomate avec le curry et le vin blanc dans 1 grande poêle.

Y enfouir les filets de poisson.

Amener à frémissement sur feu doux, laisser frémir 5 min.

Servir avec des pâtes ou du riz.

Enfin sur l'île !

Groix :
Vieille de bois au four

La vieille de bois
ou mérou, ou cernier, est un poisson à chair ferme pêché sur les épaves, souvent avec le thon.

4 personnes,
préparation : 10 min.
cuisson : 35 min.

1 vieille de bois de 1,2 kg environ,
2 oignons émincés,
4 échalotes émincées,
2 tomates coupées en morceaux,
1 grand verre (25 cl) de vin blanc sec,
75 g de beurre demi-sel mou,
1 cuillerée à café de thym émietté,
1 petite branche de fenouil frais (ou d'aneth) ciselée,
sel,
poivre.

Poser la vieille de bois dans un grand plat à four (ou sur la lèchefrite).

Répartir oignons, échalotes et tomates tout autour.

Arroser de vin blanc.

Malaxer le beurre mou avec du thym, fenouil, du sel et du poivre et le poser sur le poisson.

Faire cuire 35 min dans le four préchauffé Th 6 ou 200° en arrosant de temps en temps. Ajouter un peu d'eau si le jus se dessèche.

Servir avec des pommes de terre vapeur.

La sartagnado de l'île rousse

2 personnes, préparation et cuisson : 15 min.

250 g de petits poissons mélangés, sardines, anchois, rougets, nettoyés et sechés,
2 cuillerées à soupe de farine,
5 à 6 cuillerées à soupe de vinaigre,
sel, poivre.

Mélanger la farine avec sel et poivre. Enfariner les poissons.

Chauffer l'huile dans 1 poêle sur feu vif, y jeter les poissons pêle-mêle.

Réduire le feu à moyen.

Ne plus toucher, laisser dorer le fond 6 à 7 min. Retourner comme 1 omelette et cuire l'autre face.

Glisser sur 1 plat rond, verser le vinaigre dans la poêle et arroser la sartagnado.

Accompagner de citron et pommes vapeur.

Civet de thon : Ile de Groix

4 personnes,
préparation : 15 min la veille,
20 min le jour même,
cuisson : 35 min.

800 g de thon en deux tranches épaisses.

Pour la marinade :

1 bouteille (75 cl) de bon vin rouge (un petit bordeaux),
1 oignon non épluché et piqué de 2 clous de girofle,
12 petites échalotes pelées,
3 belles carottes de sable coupées en tronçons,
2 grosses gousses d'ail épluchées,
1 bouquet garni (thym, laurier, persil, cerfeuil),
1/2 verre (10 cl) de vinaigre de cidre,
1/4 de verre (5 cl) d'eau-de-vie de cidre.

Pour la cuisson :

1 grosse noix (50 g) de beurre demi-sel,
150 g de lardons,
12 à 16 pruneaux,
2 cuillerées à café d'arôme Patrelle ou de Viandox,
1 cuillerée à soupe bombée de farine,
sel, poivre.

La veille, mettre le thon dans une boîte hermétique avec tous les ingrédients de la marinade.

Laisser une nuit au frais.

Le lendemain, égoutter le tout au-dessus d'une jatte.

Séparer le poisson des légumes.

Faire chauffer le beurre dans une cocotte, y dorer les lardons 5 min.

Ajouter les échalotes et les carottes, dorer encore le tout 8 à 10 min.

Saupoudrer de farine et la roussir.
Puis mouiller avec la marinade recueillie en remuant bien à la cuillère de bois.
Ajouter les légumes restants (bouquet garni, oignon piqué, ail), les pruneaux et l'arôme Patrelle.
Saler, poivrer, amener à ébullition en remuant.
Enfouir les deux tranches de thon dans cette sauce à bien les recouvrir.
Laisser mijoter 35 min.

Servir avec des pommes de terre vapeur.

Cotriade grésillonne

4 personnes,
préparation : 5 min la veille,
20 min le jour même,
cuisson : 20 min.

1 kg de merlu (ou autre : lieu jaune, grondin, etc.) en un seul morceau,
8 grosses pommes de terre, coupées en quatre,
2 gros oignons émincés,
1 cuillerée à café d'ail haché,
1 bouquet garni (thym, laurier, persil),
1 petite branche de criste marine (ou casse-pierre),
1 grosse noix (50 g) de beurre ou de graisse salée,
gros sel,
poivre.

La veille :

Poser le poisson dans un plat et le recouvrir de gros sel.

Le lendemain :

Rincer le poisson.

Chauffer beurre ou graisse salée dans une marmite sur feu moyen et y fondre les oignons sans les colorer, jusqu'à ce qu'ils soient translucides.

Ajouter l'ail, le bouquet garni et la criste marine.

Recouvrir avec 2 litres d'eau et faire bouillir 10 min.

Puis ajouter les pommes de terre et poser le poisson dessus.

Bien poivrer, faire cuire 20 min.

Pour servir :

Retirer le poisson avec une écumoire, le poser sur un plat, l'entourer des pommes de terre et accompagner d'une vinaigrette.

Thon de Groix

6 personnes, préparation : 5 min, cuisson : 15 à 20 min.

1,2 kg de thon coupé en 3 tranches, 18 filets d'anchois à l'huile, 18 gousses d'ail épluchées, 3 branchettes de thym, sel, poivre, huile d'olive.

Sauce au paprika :

2 yaourts nature, 2 cuillerées à soupe de crème fraîche, 1 grosse échalote finement hachée, 1 cuillerée à café de paprika, sel.

Piquer chaque tranche de thon avec 6 filets d'anchois et 6 gousses d'ail d'un côté seulement, puis l'enduire d'huile d'olive.

Poivrer et poser 1 branchette de thym.

Mettre les tranches sur le gril.

Les griller 10 à 15 min du côté non garni.

Les retourner, remonter la grille et cuire encore 5 min.

Servir accompagné de poivrons grillés, de riz et de sauce au paprika.

Sauce au paprika :

Mélanger tous les ingrédients.

Boucles de sole « île verte »

6 personnes,
préparation : 50 min, réchauffage : 20 min.

6 gros filets de sole,
150 g de filets de merlan,
125 g de crevettes roses décortiquées (poids égoutté) en bocal ou surgelées,
2 cuillerées à soupe de crème fraîche épaisse,
1 blanc d'œuf,
2 cuillerées à soupe de ciboulette ou de persil ciselé,
sel, poivre, farine, beurre.

Pour le fumet : :

1 parure de sole + 1 tête de poisson,
1/2 bouteille de muscadet sur lie,
1 oignon pelé,
2 gousses d'ail non épluchées,
le zeste + le jus d'une demi-orange,
1 petite branche de céleri,
1 cuillerée à café de coriandre en grains.

Pour la sauce :

2 grosses cuillerées à soupe de crème fraîche épaisse,
2 cuillerées à café rases de Maïzena,
2 cuillerées à soupe de porto blanc,
1 cuillerée à café de concentré de tomate.

Pour la purée verte :

500 g d'épinards hachés (frais ou surgelés),
1 petite botte d'oseille fraîche ou 4 cuillerées à soupe d'oseille surgelée,
2 échalotes hachées menu,
1 cuillerée à soupe de Maïzena
2 grosses cuillerées à soupe de crème fraîche,
3/4 de verre (15 cl) de lait,
1 noix (50 g) de beurre,
1/2 cuillerée à café de sucre.

Pour la décoration du plat :

6 fleurons en pâte feuilletée.

Préparer le fumet (peut se faire la veille):

Verser tous les ingrédients dans une casserole. Ajouter un verre d'eau, sel et poivre. Porter à ébullition sur feu vif. Puis réduire le feu et laisser bouillonner 30 min.

Ensuite filtrer au-dessus d'une jatte. Jeter le contenu du tamis. Laisser refroidir le fumet au minimum 30 min, voire une nuit.

Préparer les boucles de sole:

Couper le filet de merlan en petits morceaux et le mixer, avec les crevettes en purée.

Ajouter le blanc d'oeuf, mixer quelques secondes. Incorporer crème fraîche, ciboulette ou persil, sel et poivre en mixant le tout. Verser cette farce dans un bol et la mettre 30 min pour la raffermir dans le réfrigérateur.

Etaler les filets de sole sur le plan de travail en prenant soin de mettre la face ayant adhéré à la peau et qui est plus luisante sur le dessus. Les saupoudrer légèrement d'une cuillerée de farine à travers un tamis.

En secouer l'excédent, les tartiner de farce. Puis les rouler en paupiettes.

Beurrer largement une casserole pouvant juste contenir les boucles de sole debout et bien serrées (sinon les entourer d'une couronne de papier sulfurisé froissé pour les empêcher de toucher ou de se défaire durant la cuisson). Couler doucement le fumet le long des parois de la casserole. Il doit à peine recouvrir les boucles de sole.

Porter à frémissement sur feu moyen-doux. Laisser frémir en surveillant pendant 3 min Retirer du feu, couvrir et laisser reposer 10 min pour terminer la cuisson (pas plus de 10 min). Sortir les boucles de sole du fumet, les réserver sur une assiette, recouverte d'aluminium ménager.

Préparer la sauce:

Filtrer à nouveau le fumet et le faire réduire à un verre (20 cl) environ sur feu vif en ajoutant le porto, la crème fraîche et le concentré de tomate. Puis lier cette sauce avec la Maïzena délayée d'un peu d'eau froide. Laisser mijoter en tournant jusqu'à consistance onctueuse. Goûter et

rectifier l'assaisonnement. Ajouter éventuellement 1 cuil. à café de sucre.
Réserver.

Préparer la purée verte (peut se faire plusieurs heures à l'avance) :
Faire fondre 3 min les échalotes avec la noix de beurre dans une casserole sur feu moyen. Ajouter les épinards (décongelés s'ils sont surgelés), l'oseille et le lait.
Remuer, couvrir et laisser cuire 15 min.
Puis lier avec la crème fraîche et la Maïzena délayée d'un peu d'eau froide.
Saler, poivrer, ajouter le sucre, laisser mijoter encore 5 min puis passer au mixer pour obtenir une purée onctueuse et lisse.
Réserver.

Préparer le plat :

Verser la purée verte dans un grand plat en porcelaine à feu.

Planter les boucles de sole debout dans la purée et les napper légèrement de sauce.

Réchauffer le plat 20 min dans le four préchauffé à 200° ou Th 6.

Chauffer les fleurons 10 min dans le four et les piquer sur les boucles de sole au moment de servir.

Hoedic :
La vieille à l'oseille sauvage

4 personnes,
préparation : 2 min la veille,
15 min le jour même,
cuisson : 2 h.

1 vieille de 1,5 kg écaillée et vidée,
1 très grosse botte d'oseille sauvage (ou cultivée),
1 grosse botte de cerfeuil ciselé,
1 petite botte de persil plat ciselé,
4 gros oignons émincés,
4 petites tomates coupées en deux,
150 g de petits lardons demi-sel,
1 bonne pincée de thym émietté,
1 feuille de laurier,
100 g de beurre demi-sel,
sel,
poivre,
gros sel gris.

La veille :

Faire un lit de gros sel gris dans un plat. Y coucher la vieille, lui inciser les flancs avec une lame de couteau bien aiguisée, puis la recouvrir de gros sel.

La réserver au frais jusqu'au lendemain (voire même deux jours).

Le lendemain :

Rincer le poisson, le couper en quatre grosses darnes.

Ne pas jeter la tête, elle donne du goût au plat.

Equeuter l'oseille, la laver et la couper en lanières. La mélanger au cerfeuil et au persil (on peut ajouter une laitue en lanières pour adoucir l'oseille).

Blanchir 3 min les lardons dans de l'eau bouillante. Les égoutter et les faire dorer avec les oignons et une noix (40 g) de beurre dans une poêle.

Beurrer largement une cocotte, une terrine de terre pouvant aller au four.

Y installer un premier lit du mélange à l'oseille (la moitié), puis la moitié des oignons et des lardons.

Y coucher les morceaux de vieille et la tête.

Les poivrer copieusement, les parsemer de thym, poser la feuille de laurier au centre. Recouvrir d'oignons,

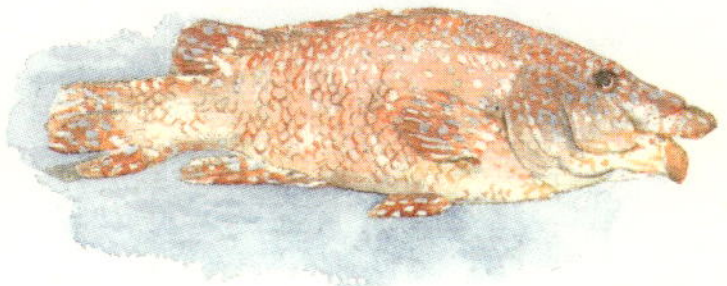

de lardons et d'oseille et terminer par les demi-tomates, peau au-dessus.

Saler légèrement, ajouter le reste de beurre en petits morceaux et un demi-verre (10 cl) d'eau.

Couvrir et faire chauffer 8 à 10 min sur feu doux si on emploie une cocotte.

Enfourner à four préchauffé Th 4-5 ou 170°.

Laisser cuire 2 h.

Servir dans la cocotte ou la terrine avec des pommes de terre vapeur.

Ailerons de raie à la crème de persil :

Ile de Batz

4 personnes,
préparation et cuisson :
45 min.

4 ailerons de raie,
4 cuillerées à soupe de court-bouillon marin (sel aux algues),
1 botte de persil plat,
2 petites échalotes,
30 cl de crème fraîche liquide,
sel,
poivre, beurre, vinaigre.

Préparer la crème de persil :

Equeuter le persil et le hacher finement avec les échalotes.

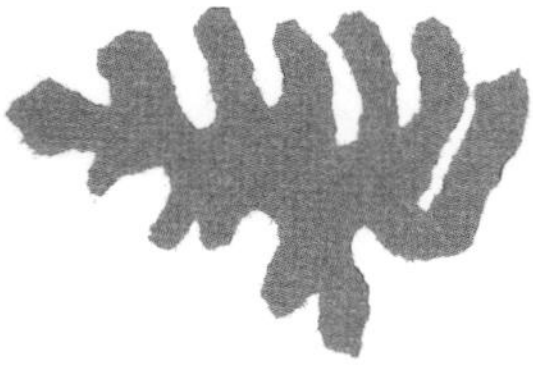

Le verser dans une casserole.

Ajouter la crème fraîche et faire mijoter 30 min.

Passer cette crème dans un tamis en pressant avec le dos d'une cuillère pour en extraire le maximum de suc. Saler, poivrer, ajouter une petite noix (40 g) de beurre, maintenir au chaud.

Préparer les ailerons de raie :

Les mettre dans une casserole large (sauteuse). Les couvrir d'eau.

Ajouter le court-bouillon marin et quatre cuillerées à soupe de vinaigre. Amener à frémissement. Laisser frémir 5 à 10 min. Les retirer à l'écumoire.

Servir sur l'assiette, accompagnés de crème de persil et de pommes de terre vapeur.

Molène : Brochettes de bar

4 personnes,
préparation et macération : 15 min.
cuisson : 10 min.

800 g de bar coupé en douze cubes,
3 cuillerées à soupe de court-bouillon marin (sel aux algues),
3 cuillerées à soupe d'huile,
1 bonne pincée de poivre,
16 lardons demi-sel,
4 brochettes longues.

Mélanger le court-bouillon marin avec l'huile dans une jatte.

Y mettre les cubes de poisson à macérer 15 min.

Blanchir les lardons 5 min dans une casserole d'eau bouillante.

Les égoutter.

Enfiler par brochette 4 lardons

et 3 cubes de bar en alternance.

Poivrer.

Faire griller les brochettes sur la braise 5 min de chaque côté (ou sous le gril).

Servir avec des pommes de terre nouvelles cuites dans la cendre (ou en papillote dans le four) et une jatte de beurre demi-sel juste fondu.

A Molène, les brochettes se font avec toutes sortes de poissons et notamment du congre. Elles grillent sur un petit feu d'algues sèches.

Hoedic :

Ragoût de congre aux pruneaux

4 personnes,
préparation : 25 min,
cuisson : 30 min.

4 tranches épaisses de petit congre (coupées près de la tête),
4 carottes taillées en rondelles,
2 gros oignons émincés,
1 kg de pommes de terre fermes coupées en quatre,
12 pruneaux dénoyautés,
1 cuillerée à café d'arôme Patrelle (ou de Viandox),
1 branchette de thym + 1 feuille de laurier,
1 verre (20 cl) de vin blanc sec (muscadet),
beurre demi-sel,
farine,
sel,
poivre.

Fariner légèrement les tranches de congre. Faire chauffer une grosse noix (50 g) de beurre demi-sel dans une cocotte sur feu vif et y dorer le poisson sur les deux faces.

Saler, poivrer, le retirer avec une écumoire et le réserver.

Réduire le feu à moyen, verser les oignons dans la cocotte. Les blondir 3 à 4 min en remuant. Ajouter les carottes et les pommes de terre. Dorer encore un peu le tout, y incorporer les pruneaux.

Mouiller le vin blanc, un demi-verre d'eau dans lequel on aura mélangé l'arôme Patrelle.

Saler, poivrer et déposer sur le dessus les tranches de congre ainsi que le thym et le laurier.

Couvrir et laisser mijoter 30 min.

Ile aux Moines :
Gratin de sole des petits moines

4 personnes,
préparation : 10 min,
cuisson : 30 min.

1 belle sole de 1 kg à 1,2 kg,
1 hachis d'herbes composé de 8 brins de persil plat,
1 petite branchette d'estragon,
4 petites échalotes,
125 g de champignons,
125 g de petits lardons demi-sel,
4 cuillerées à soupe de chapelure,
1 verre moyen (15 cl) de vin blanc (muscadet),
2 cuillerées à soupe d'eau-de-vie de cidre,
20 cl de crème fraîche liquide, sel, poivre.

Répandre la moitié du hachis d'herbes dans le fond d'un grand plat à four en terre.

Ajouter la moitié des lardons, y coucher la sole. La recouvrir du reste des lardons et de hachis d'herbes. Mouiller avec le vin blanc et l'eau-de-vie de cidre.

Saler, poivrer, saupoudrer de chapelure.

Faire cuire 30 min dans le four préchauffé sur Th 6 ou 200° en arrosant de crème fraîche à mi-cuisson.

Terminer en faisant gratiner 2 à 3 min sous le gril.

Molène :
Soupe de congre

6 personnes, préparation
préparation et cuisson : 50 min.

6 grosses tranches de congre coupées près de la tête (moins d'arêtes),
1 tête de congre,
1 kg de pommes de terre fermes,
4 gros oignons émincés,
2 grosses tomates pelées et épépinées,
3 gousses d'ail finement hachées,
1 bouquet garni (thym, laurier, persil, carotte et navet),
1 branche de fenouil sauvage ou 1 cuillerée à soupe de fenouil en grains,
2 cuillerées à café d'arôme Patrelle ou de Viandox,
beurre demi-sel,
sel,
poivre.

Préparer un court-bouillon avec la tête de congre, le bouquet garni, le fenouil et deux litres et demi d'eau, sel et poivre. Laisser bouillir 20 à 30 min à découvert.

Pendant ce temps:

Dans une marmite en fonte ou une cocotte, chauffer environ 100 g de beurre et y dorer les oignons 5 à 7 min, en remuant.

Ajouter les pommes de terre tailléesen grosses frites et l'ail. Bien dorer le tout.

Ajouter les tomates et remuer pour les faire fondre.

Mouiller avec le court-bouillon filtré.

Ajouter l'ârome Patrelle.

Faire bouillir 10 min à gros bouillons, puis réduire le feu et poser les tranches de congre sur les pommes de terre.

Poivrer encore un peu, couvrir et laisser cuire 15 à 20 min.

Servir dans des écuelles à soupe, avec des tranches de pain bis grillées et frottées d'ail.

Pain à l'ail

Pour 6 personnes,
préparation : 5 min,
cuisson : 5 min.

3 grosses gousses d'ail,
3 cuillerées à soupe d'huile d'olive,
6 tranches de pain de campagne,
1/2 cuillerée de sel.

Préchauffer le four au maximum.

Peler et écraser finement l'ail en purée. Le mélanger à l'huile d'olive avec le sel.

Faire dorer les tranches de pain, puis les tartiner de purée d'ail.

Servir chaud.

Huiles parfumeés

pour grillades ou brochettes de poisson

Huile aux piments et à l'ail

Macération : 1 journée avant de s'en servir.

1 verre (20 cl) d'huile,
3 piments frais fendus sur la longueur,
5 gousses d'ail nouveau hachées,
le jus de 1/2 citron.

Réserver dans un bocal.
Se conserve plusieurs semaines.

Huile aux herbes

1 verre (20 cl) d'huile d'olive,
1 branche de thym frais,
1 feuille de laurier frais,
1 cuillerée à café de coriandre en grains,
2 clous de girofle,
le jus de 1/2 citron,
1/2 cuillerée à café de poivre.

Réserver dans un bocal, laisser macérer 2 jours avant de s'en servir.

Se conserve 15 jours.

Huile au basilic

1/2 verre (10 cl) d'huile d'olive,
1 branche de basilic frais ciselée,
1/2 cuillerée à café de harissa,
2 gousses d'ail coupées en tranches,
le jus de 1/2 citron.

Réserver dans un petit bocal, laisser macérer plusieurs heures avant de s'en servir. Se conserve 2 à 3 jours.

Huile aux épices

1 verre (20 cl) d'huile,
1 cuillerée à café de curry,
1/2 cuillerée à café de paprika fort,
1/2 cuillerée à café de cumin en poudre,
1 pincée de noix de muscade râpée.

Réserver dans un bocal.

Se consomme de suite, se conserve plusieurs semaines.

Toutes ces huiles parfumées servent à macérer ou badigeonner des brochettes de poisson ou de fruits de mer.

Remerciements de l'illustratrice :

A mes charmants modèles :
Lydia Esnault et Nanon Riou, poissonnières à la Forêt-Fouesnant « La moule rieuse ».
Patrick Violant, marin pêcheur, patron de la « Jacqueline » à Concarneau.
A Maurice Penhoët, Edith Le Merdy et Rodolfo Saavedra.

Les morceaux de texte apparents sur les collages : Continent, A bord et Ile (p 49, 140, 158) sont de Benoît Landais. A redécouvrir sous le titre de « Délire à bord » aux Editions L'Ancre de Marine.
La maquette du thonier « Macareux CC 3917 » p 51 et le diorama du « Va sans peur CC 2446 » (en pêche par petit temps, construit en 1935) p 127, sont d'Hervé Gloux. Pour en savoir plus : Musée de la Pêche de Concarneau.
La maquette du « Marignan CC 3811 » p 90, réalisée par Michel Violant, est visible à l'hôtel Ker-Moor à Concarneau.

La table des recettes

Impression et reliure : Pollina s.a., 85400 Luçon - n° 83643
ISBN 2.7373.1993.5 - Dépôt légal : avril 1999
N° d'éditeur : 3382.03.06.05.01